夫婦でマラソン日本一周

いってらっしゃい
笹子夫妻日本一周マラソン

笹子 昭次郎さん 正子さん 日本一周

「一人が運転、一人が走る」

～日本列島沿岸をつないだ7ヵ月半

走る楽しさに目覚め、夢はいつしか日本一周へ

「次の連休には淡路島を走りに行こう。まだ小豆島、沖縄、五島列島、屋久島などもある」

二〇一五年九月のシルバーウィークに私たち夫婦は直線で鳴門海峡側から明石海峡側に走って来ました。主人は「これから少しずつ小さな島を走るぞ」と楽しみにしていますが、私は、「きりがないし、適当な所で終わりにしてもいいかなぁ」とも思っているのです。

私たちは二〇一四年五月十八日、千葉県館山市の「たてやま夕日海岸ホテル」前から、多くの仲間に見送られて出発。翌年の一月十日までの二三一日間を、夫（昭次郎）と私（正子）が、走りとキャンピングカーの運転を交替しながら日本列島の沿岸部をひた走り、約一万二二〇〇キロ、二人の長年の夢だったマラソン日本一周を達成しました。

今から三十六年前、主人は東京での飲食店勤務を辞め、館山駅前で叔父が経営していた焼き鳥店「はくが」を継ぎました。しかし、店を引き継いでしばらくたって、生活の変化によるストレスから体調を崩してしまったのです。そんな主人に店の常連さんがすすめてくれたのが「走ること」でした。

仕込みのあと開店までの時間を使って、まずはすぐ近くの鏡ケ浦の浜辺を走りはじめました。当時はまだ今ほどランニングがメジャーではなく、人に見られたら恥ずかしいと腰をかがめて、道路から見えないように走っていたそうです。

毎日少しずつ走ってみると、不思議なことに体調が戻ってきました。そのうち、地元の団体「館山若潮走友会」（当時は同好会）に誘われて入会、走りを仲間に教えてもらい、いっしょに練習するなかで、どんどん走ることのおもしろさに目覚めていったそうです。

走りはじめて四、五年もたった頃、「シティランナーズ」という雑誌に日本一周をした人の記事が載っているのを見て、いつか自分もやってみたいと思うようになりました。

マラソンなのに歩き始めた?!　アメリカのおばあちゃん

一方の私はというと、ガソリンスタンド経営をしながら祖母の介護が始まった両親をサポートするため、都会での幼稚園、会社勤めをやめ二十四年前に館山に戻ってきました。

館山市は若潮マラソン大会の開催地でもあり、走ることを推進する市であることは知っていましたが、この時はまだ私が将来走ることになろうとは予想だにしていませんでした。

館山市はアメリカ合衆国ワシントン州ベリンハム市と姉妹都市提携しています。両市の間にはスポーツや教育、文化などいろいろな交流があります。一九九三年の館山若潮マラソンには、ベリンハム市からたくさんの市民が参加しました。

若い頃、アメリカにホームステイし良い思い出を作ったので、いつか機会があったら今度は受け入れをしたいと思っていたので、ホストファミリーとなりました。そして我が家に来たのは七十歳のメアリーおばあちゃんでした。

滞在中はのんびりしているので「練習はしなくてもいいの?」と聞くと「いいの」というのです。いよいよマラソン当日「大丈夫?」と聞くと笑顔で「大丈夫よ」。いったいどんなふうに走るのか興味津々で応援に行くと、スタートと同時にメアリーは仲間たちといっしょに横一列になり楽しそうに歩き始めたのです。そして最後には一人で走り、ゴールイン!

そんなメアリーの姿を見て「早く走らなくてもいいんだ」「歩いてもいいんだ」というのは大きな驚きでした。このことが「私にも走れるかも」とマラソンに興味をもったきっかけでした。

その後、縁があって「館山若潮走友会」に入会し、そこで出会ったのが昭次郎さんだったのです。

主人は十年前、大型日本地図を買い、季節や天候を考えながらどのようなコース順路で行こうかなど、マラソン日本一周の計画を少しずつ練っていました。館山から北上するのか、南下するのかを考える時、どの季節にどこを走るのか、暑さ寒さ、そして雨や雪はない時期にと考えるのは、走りをスムーズに進めるうえで大きなポイントです。雨具を着ながら走るのは視界も悪くなるし、体力を消耗します。

そこでまず、館山から東北地方を北上して下北半島から北海道に渡る。本州を梅雨の前に走ろうと考えました。北海道には梅雨がないので、この時期に北海道を走れば雨に苦労しなくてもすみます。雪の心配もありません。

逆算すると五月中旬に館山をスタートするのがベストだということになりました。そうすれば、北海道を走ったあと、日本海側を暖かい時期に走ることができます。新潟から佐渡島にも渡ります。

さらに日本海沿いを南下して九州は反時計回りで大分まで。九州は一時中断し寒くなり雪が降らないうちに四国入り。四国では「走りお遍路」で八十八ヶ所霊場巡りをしようと考えました。四国から再度大分に戻り九州を制覇、あとは館山に向かって本州を東へ東へ、という計画です。

もしかしたら私だけ行けないかもしれない

店の建て替えのために組んでいたローンの返済が終わるめどがつき、長年の夢に向かって資金面の準備やルートなどあれこれを考えている主人は、そばで見ていてとても楽しそうでした。

いっしょに走ろうと言う主人に「いいね。やろう！」と二つ返事で乗ったものの、ここ数年の私には一つ気がかりなことがありました。それは実家の母のことで、持病があり二年前から介護が必要となっていました。そんな母を残し、父一人に負担をかけ自分だけ好きなことをすることはできないと考えていました。

一方で、〝笹子昭次郎〟はやると言ったらどんな状況でもやる人です。一人でもやると言っています。私は「もしかしたら行けないかもしれない」、そんな気持ちをずっと抱えたまま、主人には何も言わず、再就職した保育士としての仕事、母の介護、「はくが」の手伝いで忙しい日々を送っていました。

そんな私の状況を察し、主人はもし一人で行くことになるなら三月の出発を考えていました。

スタート予定の五月まであと二カ月という頃、私たちの夢を叶えさせてくれようとしたのか、三月末に母は息を引き取りました。それからは慌ただしいなかで四十九日法要を迎え、五月十八日をスタート日と決めて準備に取りかかりました。

準備をしながらも「母が亡くなってこんなにすぐに、悪いかなあ」という気持ちがありました。伴侶を亡くしたばかりの父を一人にして長く留守にすることに心配と後ろめたさもありましたが、毎日父に電話をすること、八月の新盆法要には一時帰省することを心に決めて出発を決意したのです。

長年私たちがあたためてきた夢の実現のために、私の背中を押してくれた父には、ありがたい気持ちでいっぱいです。

一人が運転、一人が走る。毎日五十キロを目標に

夫婦でマラソンというと、二人仲良く並んで走るようなイメージを持たれる

かと思います。

当初の予定では一年くらいをかけて日本を一周するつもりでしたから、洗濯が間に合わない時のための着替えや何十足ものランニングシューズ、寝具などが必要になり、それはたいへんな量の荷物になります。

これだけの荷物を背負って走ることはとうていできません。荷物だけでなく、宿泊も大きな問題です。毎日、どこまで行けるかはわからないので、事前予約はできません。到着地に必ず宿があるとも限りません。長丁場の走り旅です。野宿だけは避けたいと思っていました。

そこで私たちは日産のアルファというキャンピングカーを購入し、併走する方法を考えました。これなら荷物も宿の心配も無用です。

主人が考えた方法は、朝昼食後はそれぞれ一キロずつ歩き、その後一人五キロ平均を交替で走り一日五十キロ前後を目標に走るというものでした。五キロというのは、ランナーにとってダメージが少ない距離であることと、冬は走ったあとに交替して運転しても、その間体があまり冷えない距離だからです。

まず一人が車を運転し、だいたい五〇〇メートル〜一キロぐらい先で待ちます。道路の状況によっては車を停めることができず、かなり先で待つということもありました。

ランナーが来たら走行距離、進行方向を伝え給水を行い、車はまた先を行く。この繰り返しです。それは、日本の海岸線を一筆書きで少しずつぬりつぶしていくような、ワクワクするような作業です。

地味ではあるが達成感があるこの作業。絶対に成功させようという強い意気込みがなかったのがかえってよかったのかもしれません。主人も私も、「今までの夢を楽しもう」というのが一番で、ハプニングも失敗も〝いい思い出〟と割り切れるような性格だったからだと思います。

キャンピングカーはどこに？　出会えないハプニング

とはいうものの、その〝いい思い出〟の数は限りなく起こり、楽しい日々ばかりではありませんでした。

たとえば、キャンピングカーは長さだけでも約五メートル、車幅も約二メートルあります。路肩に止めやすい道ばかりではないので、ランナーを待つ間、車を停めて置く場所には本当に苦労しました。走る時より、運転する時の方がいつもヒヤヒヤのドキドキでした。

朝の通勤ラッシュのなか、場違いなキャンピングカーが路肩を塞ぐために渋滞が起きてしまうこともありました。バックミラーを見ながら、「ショウさん、早く来て～」と祈る私を尻目に、当のランナーは途中でのんきにイチジクをもいでいたこともありました。怒りと呆れる気持ちで、「ほんとにもう～」という感じです。

見知らぬ土地ですから、車に搭載したナビゲーションだけが頼りでした。ただ誤算だったのは、ナビシステムが誘導するのは車用の道だということでした。ランナーが走れない高速道路は除外できるとしても、一般道を入力するとバイパス、アンダーパス、オーバーパスなども案内してきます。途中から人が侵入できない道になってしまうと、ランナーと車は別な道を走ることとなり、合流するのがむずかしくなってしまうのです。

走り始めて三日目。一宮～銚子間では、スタートから五〇〇メートル地点の分岐ではぐれ、そのあとなんと五時間も出会えなくなってしまうという大ハプニングがありました。

「携帯電話で連絡を取り合えばいいのに」というのは私たち夫婦には通用しません。主人はこの時代に「携帯不携帯主義者」なのです。私は毎日、一人暮らしの父に電話するためにさすがに持っていましたが、お互いに連絡を取り合うことができないのです。

この時は館山をスタートしてまだ間もない時で、出会えなくなるという事態を予想していませんでした。走っている途中の給水や補給食は車が先導しながら行うので、この日も何も持たずに走っていました。私と会えない五時間の間、主人はカンカン照りのなか帽子もかぶらず、給水もできずに困り果てて、民家の軒先の水道を失敬するということになったそうです。これに懲りて、それからランナーはポシェットにテレホンカードと携帯番号を書いたメモ、万一のための飲食代やタクシー代程度の小銭は持つようにしました。

それにしても、今どきは公衆電話を探すのもひと苦労で、無駄な走りをしなくてはならないことも何回もありました。

先で待つか、戻って探すか、ハプニングで性格が出る

普通に生活していたらなかなかわからなかったことですが、ハプニングが起きた時に性格や考え方が出て、お互いのそれらを確認した気がします。

たとえば、いつまで待っても出会えない時、主人は先に進むという考え方を

します。目標地点は先にあるのだから、先へ先へと行けばどこかで必ず会えるというのです。

ところが私はというと、「途中で何かあったんじゃないか」と考えて引き返すタイプです。キャンピングカーをUターンさせて来た道を戻る。どこかで見失ったのではないかとまた戻る。心細い気持ちでランナーを探したことは数えきれないほどありました。

しかも一日の走行距離を車の距離メーターで測って記録を取っていたので、戻るごとに差し引き計算をして再び計り直すということを繰り返しているうちに、本当にパニックになりかけたこともありました。

ランナーは道で出会った地元の人に、ナビが拾いそうな道をたずねたり、運転者は「こんなかっこうで走っている人を見なかったか」と途中途中で聞いたり伝言を託したりと、お互い頭をフル回転させてお互いを捜しあうということが何度もありました。

車やランニングシャツに「マラソン日本一周中」と目立つように書いたらいいのに、と言ってくれる人もいましたが、自分たちがやりたくてやっていること。誰かに見せたり知らせたりするためにやっているわけではありません。それに、あまり目立ってしまうと犯罪に巻き込まれる可能性がないとも限りません。道中安全に、二人で楽しみながら走れればそれでよいのです。

しかし日が短くなる秋以降は、暗くなる前に合流しなければと不安ばかりが募りました。いまどき携帯電話も持たず、こんな方法でこんなことをするのは私たち夫婦ぐらいでしょう。しかし、日がたつにつれて細かいルールや走りの生活リズムが自然と決まっていった気もします。

いろいろなハプニングを繰り返しながら、運転するほうもランナーも、相手がどういう行動を取るのかを推理しながら前へ進むことを意識するようになりました。はぐれはぐれて、ついに出会えた時は「ああ〜、やっと会えた、会えてよかった〜」という安心感。でも時にはお互いイライラ、プンプンしたまま気まずい雰囲気で終わることもありました。

そんな気持ちを切り替えられるのは、一日の走りを終えたあとのお風呂と夕食の時間でした。

星空を眺めて夫婦で語り合うなんて夢の夢

一日のスケジュールは、朝は六時に起床、朝食を食べて片付けをしてからのスタートなので、ゆっくりしていられません。朝からテンションの高い主人の合図のもと、だいたい朝八時に出発します。朝食後ということもあり、それぞれ最初の二キロは歩いてウォーミングアップし、それから走り出します。

昼は、途中のコンビニやスーパーでお弁当を買い、あとはひたすら走り、夕方の五時～六時に終わりにします。キャンピングカーを停められる場所を探すのがこれまたひと苦労で、ストレッチをしてゆっくり夕飯とはいかず、ここからが超過密スケジュールなのです。

走り終わったらすぐにフィニッシュ地点の地名、走行距離を書きとめます。たいていは朝、その日の走りのコースをナビに入力、五十～六十キロ先の「道の駅」や「温泉」「大きな公園」などがあればそこをゴールに決めて走ります。もしもない場合は到着地付近でナビ検索をし、風呂と駐車場探しとなります。近くにあればラッキーなのですが、車で七、八キロ行くのは当たり前、時には風呂を求めて二十キロ、コインランドリーを探して四十キロなんていうこともありました。いよいよ何もないという時には、ペットボトルに汲んだ水で水浴びをしたり、と自然児にかえった日も何日かありました。

風呂に入りさっぱりしたあとは、主人が夕食作り。これは仕事柄なのか、自然とそうなりました。ただ、当初は夕食を作るつもりはありませんでした。せっかくだからご当地の料理を食べようと外食もしていたのですが、お店を探すのがたいへんだったり、だんだん飽きてきたりして、結局、走りの途中やフィニッシュ地点の地元のスーパーで大急ぎで買い物をして自分たちで作って食べるようになりました。

またお酒は週末だけにしていましたが、主人の体重が激減したことから毎日飲むようになり、ビール、焼酎、ワイン、日本酒と、夕食のキャンピングカーの中は心地よい空間になっていきました。

メニューはカレーやシチュー、地元のスーパーや道の駅などで買った食材で簡単にすぐできるものでしたが、岩手〜北海道にかけては、道ばたで採ったワラビが毎日おひたしになって出てきたり、秋には道に落ちていた栗を拾って栗ご飯にしたこともあります。

また店で長年守り続けてきた糠床を持っていっていたので、道の駅や無人販売所、直売所で買ったその土地の野菜をお漬物にして食べたのは、何よりの贅沢でした。

唯一恋しかった料理は焼き魚でした。キャンピングカーの中での煮炊きなので、どうしても焼き魚の煙と匂いは厳しく、いい食材を見つけてもあきらめざるをえません。どうしても食べたい時は、できあいの焼き魚や煮魚を買ってきてレンジで「チ〜ン！」するしかありませんでした。

夕食作りを主人におまかせしている間、私は洗濯とペットボトルの水汲み係となります。近くにコインランドリーがなければ公園の水飲み場を使うということもありました。夏は蚊に刺され、冬は冷水で手がカチカチ、せっかくお風呂であたたまった体もすぐに冷え冷え。暗い中でまわりに不審者がいないかドキドキしながら、なぜか妻は過酷な肉体労働担当です。二十四時間いっしょにいても、いっしょにいるというわけでもない。それぞれが役割を果たさないと成り立たない七ヵ月半でした。

一日を走り終わったら、「夜は星空でも眺めながら夕食？」なんて友達はそんなふうに思っていたようですがとんでもございません！　十一時に就寝するために、すべてが分刻みのようなスケジュールで動いていました。出発する前は「全国の温泉に入れるね」なんて二人でワクワクしていたのですが、現実はさにあらず。せっかくの名湯もゆっくりつかっているわけにいかず、そこそこでおしまい。

それは走っている時も同じで、観光地を通っても名所旧蹟に立ち寄ることもなく、有名なお祭りやイベントも横目で眺めながら通り過ぎるばかりでした。

観光はしない、というのは出発する前に決めていたことですが、やはり残念な、もったいない話です。

膝が悪化した私がリタイア、夫は一馬力でがんばる

走っている間、考えることはいろいろでした。いいことも悪いことも走馬灯のように頭の中をよぎっていくのです。生前の母との思い出がよみがえり、走りながら思わず「おかあさ～ん」と叫んだこともありました。

でもそのうちにモヤモヤしている気持ちも消えてすっきりしてきます。まわりの風景を楽しみながら季節を感じて、ただ足を前に踏み出しているだけなのに不思議な感じでした。

二人とも大きな病気をすることもなくゴールできたのは本当に何よりでした。ただ、私が走り出して二十日目あたりの六月初旬、宮城県宮古市にさしかかったあたりから足の不調で走れなくなってしまい、二十日間ほど休養し、その間、主人が一人で走るということがありました。

東日本大震災の被災地、いわき市以北の沿岸は原発事故の影響で道が封鎖され山側の道を迂回しなければなりませんでした。度重なる峠越えやくねくねとしたアップダウン、斜めの着地はかなり足へのダメージが大きいものでした。五キロを目安に交替するとなぜか私が下りを走ることが多く、バランスを取ろうとして走るため膝に負担がかかり、歩くのも困難になってしまいました。

走っていなくても激痛の毎日。しかし、ここで病院にかかっても通院できるわけではないし、こういう時は休養しかないということで、私は走るのをあきらめました。しばらく休めばこの痛みが取れるのか、走れない日がいつまで続くのか、不安と焦りの気持ちを抱えながら北海道石狩市付近まで私はひたすら運転手になりました。

一方、連日の雨や濃霧の中を一人で走った主人は、ふだんでも痩せているのに肩甲骨が飛び出るほどに痩せてしまいました。この時ばかりはずいぶん心配しましたが、昼はより多めに、夜は大好きな晩酌の力を借りてそれまで以上に食べるようにしたことで、体力を維持しました。

実はどちらかが完全リタイアしても続行できるように、キャンピングカーの後ろに自転車を積んでいました。もし一人で遂行しなければならなくなったら、まず自転車で五キロ走り、その場に自転車を置き車まで戻る、そして車で自転車の地点まで行く。進行方向とは反対向きですが、距離をつなげばこれだって日本一周したことになる、というものでした。

この自転車が活躍する日が来なかったのは何よりでしたが、「どんな方法でもやり遂げる笹子昭次郎」のまさに執念の日本一周計画だったと言えます。

行く先々で見聞きしたもの、人との出会いが宝物

日本広し、その土地その土地での思い出は本当にいろいろあります。走り出して十日目あたりから東日本大震災の被災地に入り、福島県相馬市から宮城県久慈市へと向かって走ったのですが、走りながら何とも言えない申し訳なさがこみあげてきました。

津波の爪痕はかなり大きく、三年二カ月が経過しているにもかかわらず、復興はあまり進んでいないと感じました。街をいっぺんに消してしまった現実を目の前にすればもちろんわかるのですが、走っている途中で出会った方々や入浴施設、食堂、コインランドリーなどで出会った方々に話を聞くと、本当に津波のものすごさが伝わってきました。

復興も徐々に進んでいるとはいえ、仮設住宅で暮らす人、見えない将来に不安を抱えている人たちがまだたくさんいました。

工事のための大型ダンプカーが連なって砂埃をあげて行き交うなか、私たちのキャンピングカーとマラソンランナーの出で立ちは、明らかに違和感がありました。このような状況のなかで、自分たちだけが好きなことをしているという罪悪感もあり、車を停める時も走っている時もダンプカーの邪魔にならないよ

うに心がけ、走りも自然と早くなりました。

そんななかでも出会った人たちからは「ご苦労さまです」「がんばってください」「元気をもらいました」などあたたかい応援の言葉で励ましていただきました。なかには家の軒先でお茶をすすめてくださる方もいました。辛い体験をされ、これからの暮らしがどうなるのかさえわからない状況のなかで暮らしていらっしゃる方たちから、たくさんのあたたかい言葉をかけてもらい、思わず涙がこぼれました。復興をめざして生きる力強さや苦境にある時でも他人に優しくできる強さを感じた私たちは、ただただお話を聞くことしかできませんでした。

青森の下北半島では草で覆われた側溝に気づかず脱輪したこともありました。保険会社に電話をしてロードサービスに救助を求め、そこでじっと待っていたのですが、通りかかる人、通りかかる人がみな車を停めて私たちを助けようとしてくれるのです。

普通なら、ロードサービスに連絡してあるならと立ち去ると思うのですが、「雪国ではよく脱輪があるからお互い様なんだ」と言うのです。これには本当に感激しました。

キャンピングカーの「袖ケ浦」のナンバープレートを見て声をかけてくれる人もいました。話してみると同じ千葉にお住まいの方だったり、自転車やバイクで私たちと同じように日本一周をしている同胞にも出会いました。自転車で世界一周をめざしているスペイン人の青年、アジアを一年かけて自転車でまわっているイギリス出身のカップルにも出会いました。私たちだけでなく同じようなことを考えている人がいるのだなあと思うと、勇気を得た気持ちになり励まされました。

この時の出会い以来、今でも交流を続けている方もいます。

館山に戻ったあと、無事完走の報告とお礼を兼ねてお手紙を差し上げた人は全国で五十人以上、ご縁があって出会った方たちとの交流は日本一周を果たしたからこそ得た大事な宝物だと思っています。

店を一時閉店して、走り続けた七カ月半。私たちの贅沢な時間はあっという間に過ぎ、あっという間に元の生活に戻りました。今日も相変わらず走りの時間を少し作り、店に立ち、お客さんと笑い、話をする。朝から夜中まで忙しい。そんな生活に戻りました。私たちが七カ月半（二三二日）走りつないだ一本の線は一万二三五・二キロという数字を刻みました。

以下は、当時、毎日つけていた日誌をまとめた日本一周の記録です。

（正子記）

マラソン日本一周の記録

千葉 館山から北上 北海道をひた走る

1日目……2014年5月18日（日）

館山市スタート

快晴。昨夜泊まった「たてやま夕日海岸ホテル」の窓を開けると、目の前に真っ青な鏡ケ浦、その向こうに富士山がくっきりと姿を現している。昨夜の壮行会に集まってくれた走友会の仲間も早朝から駆けつけてくれた。たくさんの友人知人に見送られ、9時15分、ホテル前をスタート。

キャンピングカーは走友の日暮さんが運転してくれ、渚の駅まで昭次郎、正子2人一緒に走る。以後は2人で約5キロごとに車の運転を交代しながら走る。走友仲間十数人も私たちのペースに合わせてゆっくり応援伴走してくれる。

外房に出て白浜フラワーパークで昼食、フラワーパークの高尾社長からバナナ、ドリンク、ビールの差し入れ、高梨ご夫妻からは応援エールをいただく。ほとんどの仲間とここで別れる。「いよいよこれから始まる」という緊張感と不安、しばらく仲間に会えないという寂しさに襲われる。

工藤さん、河野さんの２人が白浜の滝口まで、そして走友会最高年齢の90歳の荒砥さんが自転車で千倉まで伴走してくださる。和田からは薄田さんが応援伴走。19時過ぎ、千葉県鴨川市「ユニバースホテル」着。

「千葉県を出るまでは、風呂の手配は任せてください」と言ってくれた、走友で夕日海岸ホテル社長の酒井さんが、多忙のなか今日のゴール近くのホテルをリストアップしてくれたのが大いに助かった。初日で緊張していたせいか、正子は入ったお風呂でのぼせ、車椅子で出てくるというお粗末。

🏃65km（65km）

②日目……5月19日（月）

朝、２人で打ち合わせてスタートしたのに、お互いの待ち合わせ場所が違い、なかなか出会えない。２日目から気まずい雰囲気に……。だいぶ時間をロスしてしまった。17時10分、長生郡一宮町「一宮館」着。

🏃55・2km（120・2km）

③日目……5月20日（火）

今日も昨日同様、スタートしてすぐに相手を見失う。車の正子はスタート地点まで2回戻り、70キロ以上ムダ走り。走る方（昭次郎）は帽子もかぶらず、小銭も持たないので給水もできず、26キロも走ることに。3日目にして波乱万丈。「長年の夢、3日目で終わり」という文字がちらつく。そして「この先、大丈夫かあ〜」という不安も……。17時41分、銚子市犬吠埼灯台着。

2人とも元気。明日は雨の予報だが、予定通り走るつもり。

🏃 66・8㎞（187㎞）

4日目……5月21日（水）

朝から大雨と強風、10時頃に小降りになったので10時40分スタート。しかし途中また降りが強くなる。11時53分、銚子大橋を渡り、千葉県から茨城県入り。銚子大橋では強風で、海のように大きな利根川に投げ出されるのではないかという恐怖感が湧く。母の葬儀を終えたばかりなのに……と思い、雨と涙が一緒になり、ZARDの「負けないで」を歌いながら走る。その後も雨、風は弱まらない。15時05分、茨城県神栖市役所前着。

その後、つくばに住む息子家族に会いに、片道83キロを往復する。

🏃 30㎞（217㎞）

5日目……5月22日（木）

大型のダンプカーが非常に多く、かなりのスピードで走っている。途中、畑では人参、エシャレット、サツマイモ、メロンを見る。大洗港には大型フェリー、サンフラワー号が入港している。17時、大洗フェリー乗り場着。

52㎞（269㎞）

6日目……5月23日（金）

多くのアップダウン、交通量が多い道を走る。「鵜の岬温泉」の看板を見つけ、今日の走りを終わる。17時20分、日立市十王町「鵜の岬温泉」着。

昭次郎は右アキレス腱が痛み出す。昨日、道ばたで採った真竹をワカメと合わせ夕食の味噌汁に。

50・6㎞（319・6㎞）

7日目……5月24日（土）

12時37分、福島県入り。16時40分、福島県いわき市「いわき湯本温泉」着。

疲れたので今日は早めに休む。

47・3㎞（366・9㎞）

8日目……5月25日（日）

9時10分、湯本温泉入口をスタート。原発の影響で海側は走れないため、いわき市まで戻り内陸部の郡山方面を目指す。すごいアップダウンの峠越え。路側帯がかなり斜め。

箱根駅伝5区の「山の神」と言われた今井正人（順天堂大学）や柏原竜二（東洋大学）を育てた福島県、2人が育った環境もこのような所だったのだろうか？とにかくきつい！　今日の走りの終わりは、何もない峠の途中。17時30分、いわき市三和町中三坂着。

風呂は峠を降りた14キロ先の母畑の湯。明日は福島市を目指す。

🏃 50・3㎞（417・2㎞）

9日目……5月26日（月）

今朝は昨日の峠の途中のフィニッシュ地点まで車で戻り、8時40分にスタート。今日も千葉の長狭駅伝の2区～5区のような長いアップダウンばかりの道を走る。16時31分、郡山市西田町丹伊田の高野集会所前着。

🏃 50・5㎞（467・7㎞）

⑩日目……5月27日（火）

🏃46・6㎞（514・3㎞）

昨日のフィニッシュ地点まで戻り、9時35分スタート、小雨。二本松市経由福島市に入る。ここから海岸線に出るために相馬市に向う。今日は気温、湿度が高く、アップダウンばかりの道だった。17時04分、福島市立大波小学校前着。

⑪日目……5月28日（水）

🏃47・6㎞（561・9㎞）

福島市から霊山市を経て海側の相馬市へ向かう。今日もいろは坂のようなコースばかり。途中、原発の汚染土や落ち葉などが入った黒い大きな袋の山積みを多数見た。16時57分、相馬市松川浦温泉「ホテル飛天」着。

⑫日目……5月29日（木）

海霧が広範囲にずっと続く。相馬市新地町で散歩をしているおばさんと話をする。東日本大震災の時は、船が近くまで流されてきて、しばらくそこにあったこと、身内は応急の仮設住宅団地に入っていることなどを話してくださった。12時39分、宮城県入り。昨日走った相馬市に向かう道中や、今日宮城県入りしてから震災被害の大きさを目の当たりにして、つらい気持ちになる。16時34分、宮城県岩沼市梶橋着。

🏃 40・2㎞（602・1㎞）

13日目……5月30日（金）

今日も暑い一日。走っている途中、おばさんと話す。塩釜の被害は松島よりは少なかったようだ。松島も島のおかげで割合被害が少なかったとのこと。17時20分、東松島市野蒜着。

🏃 50・2㎞（652・3㎞）

14日目……5月31日（土）

今日も一日暑い。一面津波の跡。流された家や鉄骨など瓦礫の山。仮設の住宅、高台移転のために山の木を伐採し、宅地造成しているところ、復興まっただ中の港湾……。おとといから津波の恐ろしさを見せつけられる。ダンプカー、ショベルカーが懸命に動いているが、復興はあまり進んでいないと感じた。17時06分、石巻市牡鹿交流センター着。

🏃 49・8㎞（702・1㎞）

15日目……6月1日（日）

🏃 50㎞（752・1㎞）

交流センターから南下し、金華山を見ながら牡鹿半島最南端まで行き、コバルトラインで北上。今日も一日中、アップダウンの繰り返しだ。「道の駅　上品の郷」の中にある「ふたごの湯」で入浴。風呂で会った方から、大勢の児童、職員の命が奪われた大川小学校の話、災害からひと月後に風呂に入れるようになった時は、長蛇の列ができて大変だったことなど、初対面にも拘らず辛い話を話してくださる。16時35分、石巻市雄勝町分浜着。

16日目……6月2日（月）

🏃 40・2㎞（792・3㎞）

広い北上川を見ながら、14時20分、南三陸町に入る。震災被害がとにかく凄い。今日もアップダウンばかりで、足の甲、足首、膝、ふくらはぎが痛くなってきている。無理せずにやろう。16時20分、本吉郡南三陸温泉「ホテル観洋」着。

17日目……6月3日（火）

8時50分、「ホテル観洋」をスタート。復興のためのたくさんのダンプカーが走り、舞いあがる土ボコリだらけのなかを走る。11時58分、気仙沼市に入る。昨日の南三陸町と今日入った気仙沼市は津波の被害を特に受けたところだ。

これまでもそうだったが、入浴施設、食堂、コインランドリーなどで出会った人たちが、「頑張ってください」「元気をもらいました」と逆に私たちを励ましてくれる。明日の生活を心配しなければならない大変な毎日を送っているのに、私たちに温かい言葉を掛けてくださる。自分たちのやっていることは、かなり贅沢なことだ。申し訳なさと優しさに涙が出る。17時01分、気仙沼市唐桑町堂角着。

🏃 50・2㎞(842・5㎞)

18日目……6月4日（水）

今朝はスタートがいつもより早く8時20分。9時11分に岩手県に入るが、やはりずっとアップダウン。走っている車は復興のためのダンプカーがほとんど。奇跡の一本松も見る。今までの被災地の中で一番ひどく感じる。12時07分、大船渡市に入る。箱根の山か乗鞍スカイラインのような通岡峠と山越えで今日は終わる。17時02分、岩手県大船渡市三陸町吉浜着。

🏃 50㎞（892・5㎞）

19日目……6月5日（木）

8時59分、釜石市に入る。今日も相変わらずのアップダウンばかり。いくつものトンネルを通る。長いのは2〜3キロある。昭次郎は絶好調、正子は早くも左膝が痛く、走れなくなり歩く。これからが心配。16時50分、下閉伊郡山田町大沢着。

50km（942・5km）

20日目……6月6日（金）

9時48分、宮古市に入る。また今朝からアップダウンの連続。正子は朝2キロ歩いたが、左膝がかなり痛いので、あとはずっと昭次郎が頑張って走る。正子の脚が心配。16時25分、宮古市田老町着。

45・5km（988km）

21日目……6月7日（土）

昨日は小ぶりだったが、今日も雨。すごい濃霧で7〜8メートル先もまったく見えない。そんななか、昭次郎は31キロ走る。14時55分、下閉伊郡田野畑村羅賀着。

31km（1019km）

22日目……6月8日（日）

昭次郎は、雨の中カッパも着ず頑張って走る。正子は濃霧のなかの運転。昨夜、具合が悪くなったが、今日の体調は大丈夫だ。途中、「自転車で日本一周」をしている千葉県一宮出身の大曾根さんと出会う。大曾根さんは何回かに分割しての日本一周で、今回は八戸市～一宮まで走るとのこと。館山にも仕事で来たことがあるそうだ。今日は久しぶりに町なかの商店街のあるところでのゴールとなる。15時50分、久慈市中町「道の駅　くじ」到着。

36・2km（1055・2km）

23日目……6月9日（月）

走り初めの5～6キロくらいまでは平坦、それ以降はまた上りが始まる。9キロを過ぎたころから雨が強くなり、濃霧で視界が悪くなる。15時50分、青森県階上町に入る。今日もかなりの雨とアップダウンのなか、昭次郎の一馬力で頑張った。途中、紳士用の傘くらいの大きな蕗の葉をたくさん見る。17時00分、青森県三戸郡階上町大字道仏「道の駅　はしかみ」着。

43・5km（1098・7km）

24日目……6月10日（火）

40km（1138・7km）

今朝はスタートしてしばらくは、緩やかなアップダウンの街中の道を走り、9時35分、八戸市に入る。一気に交通量が増える。馬淵川を渡り、昼ごろより霧が濃くなる。奥入瀬川を渡ったころより一気に気温も下がってきて、三沢市に入ってからは霧がさらに濃くなる。今日も一馬力で昭次郎が頑張った。16時16分、三沢市大字三沢着。

25日目……6月11日（水）

40km（1178・7km）

三沢市は公共の緑地が、草刈りなどされてよく整備されていると感じた。10時54分、六ヶ所村入り。15時過ぎより雨。濃霧の中を走るが、マイナスイオンをたっぷり浴びて森林浴。何もない所だが、時々、道ばたのワラビを採りながら走る。16時00分、上北郡六ヶ所村大字泊着。

26日目……6月12日（木）

泊からカッパを着て雨風の中、太平洋を右に見ながら走る。途中、1237

㍍のトンネルを抜け、箱根駅伝5区、6区のようなアップダウンのある長い横流峠を越え、15時53分、むつ市入り。16時29分、むつ市新町着。

40・9㎞（1219・6㎞）

27日目……6月13日（金）

昨夕、熊が出没したという大畑町を通り、大間町に向かう。今日も一日雨。街中の気温13度。大畑川を渡ると、霧が一気に濃くなり視界が悪くなる。気温も街中より2度低い。その後、日光いろは坂級のカーブの多い急なアップダウン、箱根の山のような長いアップダウンを、右眼下に海を見ながら走る。連日の雨のせいか海はグレーでちょっと怖い感じがする。

本州最北端の地、大間町に入る。今日走りきれなかった残り4㌔ほどを、明日早朝に走り、7時発の函館行のフェリーで北海道に渡る予定。いよいよ明日から北海道!! 17時10分、下北郡大間町大字大間着。

この間、暑い日も、雨や濃霧の日も、アップダウンの激しい道を昭次郎が一人で一日40㌔平均を走り、毎日しっかり食べているが、体重が激減。ランシャツの上から肩甲骨が飛び出して、正子が見ていても気味が悪いほど。食べる量を増やすが体重は増えない。週末だけ飲んでいたアルコールを毎晩飲んでみることにする。（昭次郎は、超ラッキー！）

体がガリガリの上に、日焼けして真っ黒、髭も髪も伸びてボサボサ。共同浴場で昭次郎が風呂に入ると、周りの人がそっと離れていったり、横目でチラッと見たり、見てはいけないものを見てしまったという雰囲気。

44・6km（1264・2km）

28日目……6月14日（土）

今朝、昨夕走りきれなかった3キロを走ってカーフェリーに乗船。船ではずっと寝ていた。8時35分、函館着。ついに北海道上陸！　小降りだが雨。北海道は時計回りに走ることにする。今までとは違いなだらかな海岸線で、函館山を見ながら走る。時々の晴れ間がうれしかった!!　17時01分、北海道上磯郡知内町字森越着。

44km（1308・2km）

29日目……6月15日（日）

走り出してしばらくは、館山の自宅付近を思い出させるような農村風景。

12キロ過ぎから急なアップダウンが始まり福島峠を越える。長い峠越えの後は、海岸線に沿って緩やかな上り下り。3つのトンネルと多数の覆道を通り松前町へ。北海道最南端の白神岬に立ち、また海岸線を北上し大沢で終わる。今日も一日、降ったり止んだり変わりやすい天気。17時10分、松前郡松前町字大沢着。

🏃 46・1km（1354・3km）

30日目……6月16日（月）

松前町の市街地を過ぎたころから、急な長いアップダウンの始まり。左に日本海、右に山を望みながら今日もマイナスイオンをたっぷりいただく。民家や店が一軒もないコース。鳥たちの声を聞きながら、たくさんの橋を渡り、最後まで平坦な道に出ることなく一日が終わった。明日も今日の続きで長そう。曇りのち雨。16時20分、檜山郡上ノ国町字石崎着。

🏃 42・1km（1396・4km）

31日目……6月17日（火）

6月6日以来の久しぶりの快晴！　本当に気持ちがいい。昨日の続きのアップダウンの始まり。いきなり急な長い上り。またかという感じ。江差町あたりに来ると、民家や商店が見え出しほっとする。坂も急勾配ではなく、長いだらだらとした上り下りの繰り返しだったが、最後、本日の終点「道の駅　ルート229元和台」までが、またしても急な上り。午後から背後に真っ黒な雲があったが、降られずにすむ。やっぱり晴れているのがいいなあ。16時47分、爾志郡乙部町「道の駅　ルート229元和台」着。

44.3km（1440.7km）

32日目……6月18日（水）

今朝は少し曇っていたが、すぐに晴れてきて久しぶりの暑い一日。キラキラした青い海を見るのは久しぶり。そしてひろーい海、地球が丸いと感じた。昨日まで車のギアを2NDに切り換えて上る急勾配の坂が多かったが、今日はDでいけるかと思いきや、38キロ過ぎにきた、きた、すごい急勾配が。16時50分、久遠郡せたな町大成区富磯着。

走ったあとの温泉は、大自然に囲まれた臼別峡谷にある人気の秘湯があるというので行ったら（一番近い）、なんと女湯に蛇が！　本当に大自然の中の温泉だったが、怖かった～！

44.3km（1485km）

33日目……6月19日（木）

スタートは１８５７メートルのトンネルから。長く暗いトンネルをぬけたら２００メートルしてまたトンネル。しかも今度は３４００メートル。４００メートルくらいのトンネルでも長いと感じるのに……。カーブが多く暗くて先が見えないという不安。しかもダンプカーが多く通るので、その音といったら、映画館で迫力あるシーンのゴーという音響そのもの。

その後も１キロ前後、６００メートル前後のトンネル多数。トンネルばかりの怖い一日だった。明日もたくさんありそうだ。16時50分、久遠郡せたな町瀬棚区北島歌着。

４５km（１５３０km）

34日目……6月20日（金）

昨日の続きのトンネル越えから始まる。２キロ前後、１キロ前後のトンネル７つを走る。晴れたり曇ったりの天気で、せっかくの晴れ間にトンネルの中を走らなければならないことも。

「道の駅　よってけ！島牧」を過ぎしばらく走ると、積丹半島が遥か彼方に見えてくる。そしてまたしばらく行くと積丹半島の方は、晴れているらしく海の色がコバルトブルーの細い帯状に見え、それがこちら側のグレーの海の色の上に重なり、何ともいえない見たことのない光景だった。16時25分、寿都郡弁慶岬着。

🏃46・4㎞（1576・4㎞）

35日目……6月21日（土）

スタート時、昭次郎は寒気があり体調不十分。民家や商店、道の駅などがある所をしばらく走る。店先に大きなホタテや良い魚が並んでいるのを見つけ、店の人に声をかけると、話が弾み、楽しい談話タイムとなる。魚屋「前野商店」を営む夫妻に温かいエールと飲み物、そして朝の元気をいただき、昭次郎は体調を回復する。

午後からはまたいくつもの長いトンネル越え。抜けたと思ったらまたすぐに入る。その繰り返し。全長約9キロと。光が見えてくるとホッする。17時37分、岩内郡岩内町「道の駅　いわない」着。

正子は歩くリハビリを始める。昨日2キロ、今日3・5キロ。毎日温泉の中で揉んだり、マッサージしたりしている。早く走りたい一心で。

🏃47㎞（1623・4㎞）

36日目……6月22日（日）

朝の日の光がまぶしく暖かい。羊蹄山の残雪を後ろに見ながら走る。スタートして7・6㌔過ぎからまたトンネル越えが始まった。

外はせっかくの暖かい日がさしているというのに。15のトンネルと2つの覆道で約19㌔。出た時の日の明るさと暖かさがうれしい。17時27分、積丹郡積丹町大字神岬着。

正子はおとといから1㌔を2回、昨日は3回、今日は1㌔を2回、2㌔を1回、ゆっくり歩く練習をした。

49km（1672・4km）

37日目……6月23日（月）

今日も12のトンネル越えと、久しぶりの山越え。「熊出没」「鹿跳びだし注意」の看板があったので、ランナーと車があまり離れないように走る。トンネルも長いものが続くと、体が冷えてしまう。

北海道の人たちは、車のスピード出しますね〜。16時40分、余市郡余市町「道の駅　スペース・アップルよいち」着。

47・7km（1720・1km）

38日目……6月24日（火）

🏃 27・5㎞（1747・6㎞）

昨日、風呂、コインランドリー、道の駅で一緒になった滋賀県の油納夫妻と別れ、海と山の風景から一気に大都会へ。余市町から小樽市に向かう。午後から初めての休養日。小樽でゆっくり過ごす。13時30分、小樽市朝里着。

39日目……6月25日（水）

🏃 23㎞（1770・6㎞）

昨日の大都会からまた今日は海岸の峠越え。ただしおとといまでとは違い、道幅が広いため、交通量が多く、そのうえどの車も飛ばす。連日快晴で、風さわやか。セミの声を聞きながら進む。春と夏が一気に来ている感じ。13時30分、石狩市新港中央着。

19年ぶりに旧友の母を訪ね、札幌へ向かう。夜はサッポロビール園にて乾杯。

40日目……6月26日（木）

昨日泊まったサッポロビール園そばから昨日のフィニッシュ地点までかなり戻り、そこからのスタート。石狩川を渡る手前ごろより、アップダウンの始まり。

また今日もいろは坂、箱根駅伝級の坂が延々と続き、長いトンネル越えもあった。北海道らしい牧草地やロール状にした干し草、じゃがいも畑、麦畑、とうもろこし畑、そしてたくさんの馬を見た。正子は昨日から歩きのなかに少しずつスロージョギングを入れられるようになった。18時28分、石狩市浜益区毘砂別着。

🏃 53㎞（1823・6㎞）

41日目……6月27日（金）

今日も相変わらずのアップダウンとトンネル越え。いつもトンネルの中を走る時は反射タスキを掛けるが、今日はいくつかの長いトンネル内の工事にぶつかり、警備の方が誘導灯を持って、危険のないよう一緒に歩いて誘導してくれた。危険ということで走らないで歩いてくださいとのこと。トンネルが長いので、誘導する人がリレー形式で何人も替わったが、皆さんに本当に親切にしていただき、どの長いトンネルも無事に脱出！　本当にありがたかった。16時46分、増毛郡増毛町畠中町一丁目着。

正子は少しずつ走れるようになってきたが、まだまだ安心はできない。

🏃 46㎞（1869・6㎞）

42日目……6月28日（土）

今日も快晴。日差しは強く夏そのもの。だが風があるので助かる。道も広く、土曜日ということもあり、バイカーグループがひっきりなしに追い越して行く。特にハーレーが多い。うれしいことに、トンネル越えは一つで、急勾配もあまりなく、なだらかな上り下りで終わる。正子の膝は大分回復し、歩きより走りの方が長くできるようになった。17時30分、苫前郡苫前町字力昼着。

50km（1919・6km）

43日目……6月29日（日）

昨日私たちを追い越して行ったと思われる大勢のライダーが、すごい爆音を発しながら、私たちとは逆方向に下って行く。昼食タイムの場所に予定していた「道の駅　ほっと・はぼろ」は温泉、屋外プール、レストラン、宿泊施設などがあるうえ、日曜日ということで羽幌町の物産イベントをやっていたため、人と車で大混雑。駐車場を見つけるのも大変だったので、寄らず通り過ぎる。

今日はまた、急勾配の上り下りがたくさんあった。途中では天売島と焼尻島が見え、走りの後半には利尻島が見えてきた。今日は早めに終わる。16時45分、苫前郡初山別村「道の駅　ロマン街道しょさんべつ」着。

正子は昨日、歩きより走りを多くしたが、まだ歩きを多くしていたほうがよかったようだ。

🏃 44・1㎞（1963・7㎞）

44日目……6月30日（月）

スタートしてからずっと、ジェットコースターに乗っているような急勾配のアップダウンで、その後は、真っ直ぐなだらだらとした長い上り下りが続く。遠別町から天塩町にかけては牧場が多く、広大な土地に牛が放牧されていて、ロール状の干し草があちらこちらに転がっている。

北海道に来てから何回か見たキタキツネと、アライグマに似たシマシマ模様の動物を初めて見る。連日の暑さで今年はハエが異常発生しているとのこと。正子は、今日は一日ドライバー。16時08分、天塩郡幌延町字浜里着。

🏃 43・8㎞（2007・5㎞）

45日目……7月1日（火）

今日も両側に牧草地を見て走る。昨日よりたくさんの黒や白のビニールで巻かれた干し草、ビニールで巻かれていない茶色のままの草が見事な数で点在。「鹿飛び出し注意」の看板も頻繁に見るようになる。
これまで北海道の一部を走って来て、クマには会わなかったが、キタキツネ、シカなどに出合ったり、私たちの専用道路と思いたくなってしまうような、車にも人にもめったに会わない日がいく日もあった。本当に人の姿がない。大自然はあるが、ここで生活していくのは厳しいことだろう。
稚内市手前から一気に牧場の数も増え、そこで働く人や、走りの終わりごろに道路工事の関係者の姿を見たが、本当にめったに人に会わない。18時03分、稚内市大字声問村着。

50・1㎞（2057・6㎞）

46日目……7月2日（水）

昨日の続きの山越えから海岸線に沿って稚内港を目指す。街中が見えてくるとほっとする。稚内の道の駅に寄り、その後、日本最北端の地・宗谷岬を目指す。先程までいた稚内市が、徐々に遠く霞んでいくとともに宗谷岬が近づいてくる。北緯45度31分22秒。ついに最北端の地・宗谷岬に到着！　デーッカイ海を感じる。感動の宗谷岬でした。16時43分、稚内市宗谷岬着。

42・3㎞（2099・9㎞）

47日目……7月3日（木）

昨日までの夏の陽気とはうって変わり、今朝は小雨で肌寒い。昨日着いた宗谷岬を南下する。しばらくは左に海、右に山を見ながら走る。猿払村の途中から左右に広大な平野、牧場を見て走るが、北海道の牧場は本州と規模が違う。また岩手県や青森県でも見たが、フキの葉が異常に大きく、岩手県や青森県のものよりさらに大きい。大人用の傘にでもなりそうなくらいの大きさ。フキだけでなく他の草木の葉も異常に大きい。そしてそれらがどこに行ってもある。浜頓別町に入る手前で終わりにする。寒い一日だった。17時23分、宗谷郡猿払村浅茅野台地着。

🏃 51・3㎞（2151・2㎞）

48日目……7月4日（金）

起きた時からとても寒く、周りは霧だらけ。あまりの寒さに毛糸の帽子と手袋を引っ張り出す。気温11度。オホーツク海からの風が強く冷たいので、体感温度はかなり低い。

積丹半島にもあった「神威岬」という同じ名前の岬にある、北オホーツクトンネルを出ると霧もなくなる。今週の土、日（7月5、6日）、枝幸町で蟹まつりがあるようで、今までよりキャンピングカーの数がやたら多い。27日には第4回北オホーツク100キロマラソン（浜頓別町、猿払村）もあるとのこと。

昨日走りの途中で会い、温泉も一緒だった、イギリスからのカップルに今日も温泉で会う。彼らは1年かけて、日本、中国、タイなどを自転車で走るという。彼らも5月18日にスタートしたと言っていた。17時09分、枝幸郡枝幸町「道の駅　マリーンアイランド岡島」着。

🏃 47・1㎞（2198・3㎞）

49日目……7月5日（土）

今日は、午後から少し晴れ間が出たが、曇りの寒い一日。途中で小学校の校庭に大きなビニールハウスを発見。なかはプールだった。夏が短く、晴れても風が冷たいのでそのようになっているのかと思う。

いつもその日のゴール地点に商店や食事処があるわけではない。むしろない方が多い。走っている途中で店を見つけるのも困難なことが多いので、店を見つけた時には走りの途中で買い物をしなければならない。普段近くに店のある生活をありがたいとつくづく思う。18時10分、紋別郡雄武町字沢木着。

🏃 53㎞（2251・3㎞）

50日目……7月6日（日）

今日も相変わらずのコース。左に海、右に牧草地や牧場、両側牧草地などこのところ見慣れた風景。ただ午後からは久しぶりの商店街、そして久しぶりのコインランドリー。ひさびさの大きい街だ。17時07分、紋別市オホーツク流氷公園前着。

今夜は紋別市街地から少し離れた「道の駅　オホーツク紋別」で泊まる。温泉、買い物のできる店、コインランドリーがみな近くにあるという所はなかなかない。それらがある場所によって、走る距離も変わってくる。

41km（2292・3km）

51日目……7月7日（月）

ここ3、4日の寒さとは変わり、今日は一日暖かく、走るにはちょうど良かった。白樺林や牧場、とうもろこしや玉ねぎなどの広大な野菜畑を横に見ながら、長いアップダウンを繰り返す。そしてついにサロマ湖が見えてくる。「これが湖？」というくらい本当に大きい。このあたりから急なアップダウンも出てくる。昔、昭次郎も走ったことがあるサロマ湖100キロマラソンのコースだ。17時03分、常呂郡佐呂間町字浪速着。

正子はほとんど歩かず、走りだけになってきた。明日も状況を見ながら走るつもりだ。

50・1㎞（2342・4㎞）

52日目……7月8日（火）

今日も快晴。サロマ湖100キロマラソンコースの一部を走る。5キロ過ぎくらいまではサロマ湖を見ながら走るが、その後は麦、ソバ、大豆（小豆かも？）畑、白樺林を両側に見て走る。それらが途切れて、次に見えてきたのは、オホーツクの海。サロマ湖を過ぎたころからオホーツクの風が吹き出し、とても冷たい。

その後アップダウンも急勾配になり、下っていくと左に能取湖が見えてくる。オホーツクの風がなくなると急に暑くなる。しばらくすると網走湖が右に。どの湖も大きい。網走湖を過ぎて街中へ入っていく。おとといの紋別より大きな街。17時04分、網走市「道の駅　流氷街道網走」着。

55・3㎞（2397・7㎞）

53日目……7月9日（水）

今日も両サイドは、小麦、じゃがいも、ビートの畑だらけ。小清水原生花園前辺りから風が出てくる。その後も景色は変わらず、道路は広く真っ直ぐ。そんな光景が続く。そのうち壮大な斜里岳。海別岳、遠音別岳、羅臼岳が見えてくる。斜里岳は本当に形の良い山でかっこいい。

今日のゴールは特に目印となるものがなかったため、50キロで終わりにすることに。50キロ手前から少し広めの駐車場所を探していたが、適当な所がなく、ある農家の畑の入口に停めたところ、その農家の人が来て、北海道の農業の話、その家の農業の話をしてくださり、野菜ごとに違う大型機械を全部見せてくださった。広い倉庫は、大型農業機械の展示場?と勘違いしそうなほど多くの種類の機械が並んでいる。あれだけの広大な土地だから必要な機械なのだろうが、購入、維持を考えると本当に大変だと思う。17時40分、斜里郡斜里町字朱円東着。

50・2km（2447・9km）

54日目……7月10日（木）

朝から台風8号の進路や被害状況を伝えるニュース。こちらは0時過ぎに雨が降りだし、7時半くらいにやむ。今日はウトロまで（約28キロ）行き、ウトロから急勾配の難所の知床峠越え（32キロ）をし、羅臼町まで。

距離も長いうえ、カーブ、カーブで日光いろは坂級の上りと下りだ。この峠越えが始まるころより雨が降りだし、坂を登るにつれ風雨が強くなる。まさに台風状態（こちらはまだ台風ではない）。霧も濃くなり、まるっきり周りが見えない。飛ばされそうになりながらやっと前に進む。気温も一気に下がってくる。運転していても風で車が揺れてとても怖い。

強く冷たい雨風。毛糸の手袋の上にゴム手袋をはめカッパは着ているものの、ランナーの体はどんどん冷えていく。体を小さくして走るが、飛ばされそうだ。車を風よけの楯にし、ルームミラーでランナーの靴を確認しながら運転。正子はアクセルを踏み込めないので、右足が攣り出す。

さらに上って行くと雪渓が何カ所かあった。最高地点までいくとあとは一気に下り。雨は最後まで弱まらなかった。

知床峠では、走りの交代をしたくてもできず、急勾配の難所32㌔の峠越えを昭次郎1人で頑張った。途中、正子が「危険！　今日はもう止めよう」と何度も叫び合図したほどだ。「みんなに最後の挨拶をしていないのに」とか、「遭難」とか「死」も意識した。ついに羅臼町に着いた時、「地元の人でも通らない、しかも峠を走って！」と驚かれた。この知床峠はヒグマの生息地。熊が出て来はしないかという不安と、大荒れの天気で大変な一日だった。17時15分、目梨郡羅臼町「道の駅　知床・らうす」着。

🏃 60・1㎞（2508㎞）

55日目……7月11日（金）

今朝方まで降り続いていた雨も、6時ごろにはやみ、日が差す。スタートしてしばらくは風もなく暖か。しばらくして後ろを振り返ると上空に真っ青な空。そこに雪の残る知床連山がはっきりと見えてとてもきれい。しかし、みるみるうちに上空に雲が現れ、今まで見えていた景色が見えなくなる。

今、山の上では雨が降り強風が吹き、寒いのではないかと、昨日通った知床峠での寒さと大雨、強風の怖さを思い出してしまった。昼ごろより私たちが走っている所も降り出してくる。16時48分、標津郡標津町字茶志骨着。

走っている時はそれほどの雨ではなかったが、走り終えた直後に大雨になる。

🏃 50・2㎞（2558・2㎞）

56日目……7月12日（土）

一日快晴。遥か背後に知床連山がくっきりと大きく見える。天気が良く陽があたっているので、山が青っぽく光っている。何ともきれい！　そのうち野付湾の先に国後島が見える。意外と近い。昨日は天気が悪かったので見えなかったが、今日ははっきり見える。野付半島の雄大な風景は圧巻。「道の駅　おだいとう」には、北方領土返還を願う「叫びの像」がある。

しばらく行くと、道からすぐの森のなかに、野生のシカが群れをなしている。そばを通った時、1頭だけ逃げずにこちらをずーっと見ていた。オホーツク海を抜け太平洋側に来てからは、畑は見られず漁港、後半に牧場や森。なだらかなアップダウンの繰り返しの一日で終わる。17時20分、根室市湖南着。

57日目……7月13日（日）

56・5km（2614・7km）

今日も森林、牧草地、牧場を走り抜ける。「道の駅　スワン44ねむろ」では、北方四島交流ツアーと称して、ロシアからの観光客が大型バス2台で来ていた。道の駅を過ぎると根室市街地に入り久しぶりのかなり大きな街。市街地を過ぎると両側に大湿原や沼。サロマ湖や能取湖にもあった原生花園がずっと続く。

一気に濃い霧が出てきて、気温も下がる。そんな環境なのにここにもツバメがいて、ビックリ!!　暖かい房州に来ればいいのに……。濃霧は納沙布岬まで続く。朝日に一番近い街そして日本最東端の根室市納沙布岬に到着！　残念ながら北方四島は見えず。16時58分、根室市納沙布岬着。

🏃 52・7㎞（2667・4㎞）

58日目……7月14日（月）

スタート時から、昨日の午前中のような勾配のきつい長いアップダウンの牧草地を走る。今日も霧。落石という地区を過ぎたころより霧が濃くなり、周りに何があるかまるっきり見えない。しばらく行くと霧が少し晴れ、森林が続く。風で折れた木、根から掘り起こされ倒れた木がたくさんある。防霧保安林が良い間隔で一直線に植えられ、これらがこのあたりの霧の量を抑えているのだろう。

森林地帯を過ぎると、さらに急勾配になり、また牧草地や左に海も見えてきて、霧もまた濃くなる。「岬と花の霧街道」というらしい。牧草地には、馬があちらこちらにいる。長い急勾配の上り下りの連続、最後まで濃霧の中で終わる。正子は6月20日より歩き始め、7月1日から走りを再開したが、また両膝他も危なくなってきたので今日は一日運転手。しばらくまた休みかな？

17時30分、厚岸郡浜中町幌戸着。

🏃 55㎞（2722・4㎞）

59日目……7月15日（火）

昨日の終日霧の中の走りとは違い、今日は快晴。朝一番に、牛の大移動を見る。ちょうど牛舎から道を挟んで反対側の牧草地への移動。牛たちは毎日のこととあって、どんどん移動し思い思いの場所に移っていく。これだけ広い土地ならストレスも少ないだろう。

そこの酪農家の方は牛を２００頭飼育、それぞれの牛の首に端末機が取り付けられ、餌の量や体調などをコンピューターで管理しているとのこと。他にも知らないことをいろいろ教えていただいた。

その後は、昨日の続きの長いアップダウンが始まる。しばらく行くと霧多布湿原があり、エゾカンゾウやアヤメの群生が見られた。

その後は急勾配の山越え。山越えを始めた途端、今までなかった霧が出始め、上るにつれ霧が深くなり周りが見えなくなる。かと思うと少なくなったり、いろいろ変わる。山を一気に下り、厚岸町へ。右に厚岸湖が見える。厚岸湾に架かる橋を渡ると街が見え、16時30分、厚岸郡厚岸町「道の駅　厚岸グルメパーク」着。

今日は早めに終わる。

走 ４７・８㎞（２７７０・２㎞）

60日目……7月16日（水）

昨日のゴール場所の道の駅は高台にある。霧が濃く下の町並みがまるっきり見えない。走るにつれ徐々に霧も晴れてくる。道は相変わらずのアップダウン。昆布森というあたりに来るとたくさんの昆布が、小さな石の上にきれいに干してある。早朝から採って干した昆布だ。その一帯は全部昆布。

昨日から昆布漁が解禁になったとのこと。たまたまそこにいた漁師さんと話ができた。

干す時もきちんとねじれを伸ばしながら、根は根で同じ向きに並べる。天日干しは天気が良ければ一日とのこと。

日高の昆布で相場が決まる。羅臼や利尻の昆布は高値になるが、このへんの物はそうでもないようだ。

農家は機械化され補助金が出るが、漁師は違う。昨年初めて昆布をそろえて切り束ねる機械ができて、補助が出るようになったが、このあたりは未だ手作業でやる部分が多いそうだ。かなり厳しい労働の実情を聞くことができた。

16時17分、釧路市昭和中央着。

走 50・1㎞（2820・3㎞）

61日目……7月17日（木）

今日から数日かけて、襟裳岬を目指す。森進一の歌に「襟裳の春は何もない春です」とあったが「夏はどうなのだろうか?」なんて考えながら……。地図を見ても何もない。またしばらく大自然だけの風景か? 走りの前半は、所々に店もありほぼ平坦。

後半はまた霧が出て、恒例となった長い急勾配のアップダウン。周りは草原。釧路と帯広を結ぶ幹線道路のため、交通量は非常に多く、特に大型車が多い。どの車も霧が出ようが下りになろうが、ガンガン飛ばしている。走っていても車を運転していても、ヒヤッとすることがある。

昨日、今日と平坦な所は正子が走り、アップダウンのきつい所は昭次郎が走る。17時10分、十勝郡浦幌町字直別西1線着。

🏃50・4km（2870・7km）

62日目……7月18日（金）

午前中の前半は、久しぶりに海岸線に沿って走る。後半から午後にかけてはアップダウンのある牧草地や山林。お昼ごろ、世界中を自転車で走っているスペイン人に出会う。2013年6月、ドイツを出発。自転車で回った所を地図で見せてくれた。こちらも日付と距離、時間を書き込んだ地図を見せ、良い旅になるよう互いに願い、別れる。

今日はスタートからゴール地点まで、本当に何もない所。17時10分、広尾郡大樹町字晩成着。

走り終えてから20キロ先の「道の駅　忠類」に温泉があるのでそこに向かう。走った後、10キロ〜20キロの移動はいつものこと。途中、何かが道を横断している。なんとタンチョウヅルの親子!!　1羽ずつきちんと並び、親が前と後ろにつき、子どもを真ん中にして渡っている。かわいい！　温かいものを感じるいい場面に出会えた。

63日目 ……… 7月19日（土）

50・5km（2921・2km）

走り始めから雨。一時上がってはまた降り、の繰り返し。昼近くには上がり、どうにか夕方までもつ。今日も広大な牧草地や牧場を見ながら走る。斜里町以来、ずっと畑を見なかったが、昨日からまた見え出した。昨日はビート、とうもろこし。今日はほとんどとうもろこし畑。オホーツク海側で見たとうもろこしより大きく成長している。

午後からは午前中の続きの牧草地や海岸線に沿って走る。フンベの滝という所では、山の何カ所からもすごい勢いで水が落ちていた。その先を行くと、波乗りのサーファーたちがたくさんいた。16時58分、広尾郡広尾町字モエケシ着。

今日ゴールした所は何もない所なので、お風呂に入るため小さな町中まで戻る時に、フンベの滝の水をペットボトルにいただく。とても冷たい。

48・5㎞（2969・7㎞）

64日目……7月20日（日）

起きると雨。今日は襟裳岬を目指す。昨日のフィニッシュ地点まで戻り走り始めるが、雨は止まず。海岸線に沿って走っていると、この雨のなか、高波で打ち上げられた昆布を採っている漁師さんたちを見る。

昆布森で会った漁師さんが言っていたが、波打ち際に打ち上げられた昆布を採るのも漁業権がいるそうだ。そして所々で釣りをしている人たちを見かけた。釣り大会だそうで、昆布漁をしている場所以外で釣るということで、札幌近郊から大型バス数台で来ていた。ある人は三匹、他の人はまったく釣れなかった様子。

その後、久しぶりに1キロ、2キロ、5キロなどの長いトンネル続き。以前、照明がついていない所では、足元が見えず、壁を伝いながら歩いたこと、3キロのトンネル工事では、警備員の方が各々の担当区間をリレーして一緒に歩いてくれたことなど、これまでのトンネルの思い出がよみがえる。

その後、アップダウンを繰り返す。途中から大雨になる。そしてついに襟裳岬の最先端に到着。大雨のため寒く、景色が何も見えないのは残念。えりも町に入り終わりにする。襟裳の夏は?……民家や学校、郵便局、土産屋などあり。シカの大きな群れ、南房・平砂浦のような砂浜と黒松の防風林……。17時15分、幌泉郡えりも町字本町着。

48・3㎞(3018㎞)

65日目

7月21日(月)

快晴。起きたら、私たちが止めた駐車場の近くの敷地に、すでに採ってきた昆布が干してある。たくさんの昆布漁の船が、昆布を長い鎌で刈り、すごいスピードで干し場近くまで運び、降ろしたらまた戻る。陸ではクレーンのついた軽トラックやトラックがそれらを引き上げる。トラックから降ろされた昆布を、きれいに並べながら干す人たち。各々の持ち場でみんな大忙し。地区によっても違うようで、朝は4時半か5時から、終わりは天候や干し場の空きを見ながらのようだ。笛舞というところでは、9時に漁の終わりを告げるサイレンが鳴り、赤旗が揚がる。隣の幌満ではまだ漁をしていた。

朝のスタートからフィニッシュ地点までずっと干し場の石の敷地があり、石の上にはものすごい量の昆布が干してある。まさに昆布アート。だいたい2時くらいには取り込んでいた。天気と時間が勝負！　昆布漁は7月から10月までとのこと。走りは日高連峰を望みながらのフィニッシュ。16時35分、日高郡新ひだか町「道の駅　みついし」着。

🏃52・1㎞（3070・1㎞）

66日目

7月22日（火）

「道の駅　みついし」の目の前には、日高連峰と大きな牧場。日高といえば競走馬。今まで通って来た牧場は、ほとんど牛だったが（浜中町幌戸に向かう時に馬を見たが食肉用だった）、今日はずっと馬の牧場。しかも競走馬なので脚が細く、お尻の筋肉がきゅっと盛り上がっていてカッコいい！　じっとお尻の筋肉に見入ってしまう。

途中の「道の駅　サラブレッドロード新冠」では、「野武士」「昭和の怪物」の愛称で日本競馬会に一大旋風を巻き起こし競馬の大衆化に大きく貢献した名馬・ハイセイコー号の像や優勝馬のプレートがあり、懐かしい。馬の牧場は、今日のフィニッシュ地点まで続いた。

スタートしてしばらくした所に陸上自衛隊静内駐屯地がある。その前では、隊員が体力トレーニングで走り、懸垂、腕立て伏せなどをやっている。その後も夜までずっと自衛隊の色々な車を見る。

正子は7月14日に治りかけた脚がまた危なくなりかけたが、どうにか動いている。17時17分、沙流郡日高町門別本町着。

🏃 60・8㎞(3130・9㎞)

67日目……7月23日(水)

昨夜から雨になり、起きた時は小雨。走り出してすぐに登校途中の小学生に挨拶をすると、どの子も「おはようございます」ではなく「こんにちは」と返ってくる。こちらは、25日から夏休みのようだ。

今日は苫小牧に向かうが、午前も午後も車の通行量がやたらに多い。苫小牧市に入るとその量はさらに増え、どの車もとばしている。釧路市以来の都会。大きな会社、店、金融機関などが立ち並ぶ。久しぶりの大きな街並みに、走りながらキョロキョロしてしまう。ここ数日は、スーパーやコンビニを探すのも大変だったので、店があるのはうれしい。16時53分、苫小牧市字糸井着。

🏃 57・2㎞（3188・1㎞）

68日目

……7月24日（木）

今朝は濃霧のなか、住宅地や商業地を走る。その後、白老地区を通るが、このあたりは馬の牧場や牧草地。登別の標識が見え出したころより、急勾配の上り下りが始まる。「いい湯だな、ハハハ〜ン　登別の湯」なのに通過。室蘭目指して進む。

室蘭新道は一般道だが、車のみのため、別ルートで岬へ。ゴールを間近にしてちょいと大変だった。それと一日とても暑く、給水が大変だった。17時50分、室蘭市「道の駅　みたら室蘭」着。

🏃 64・3㎞（3252・4㎞）

69日目

……7月25日（金）

今日も暑い一日。でも昨日ほどではない。2、3日前からあちこちに家が見られるようになり、家のそばの小さい畑に、キュウリ、トマト、レタス、サヤエンドウなど、館山でも見られる夏野菜や花などが植えられている。広大な土地に同じ野菜がぎっしり植えられているのも感動するが、小さい畑は小さい畑の温かみが感じられ、ホッとする。

その他、刈り取りが終わった麦畑や刈り取り前の茶色の麦畑、米の田んぼを見る。広大な畑ではとうもろこしが2㍍くらいになり、かなり背丈が成長しているが、まだ実はついていない。やはりオホーツク海側とは大きさがまるっきり違う。また今日は、キャベツ、グリーンカール、レタスなど、北海道では今まで見なかった野菜の広大な畑を見る。

その後、有珠山、昭和新山を見ながら伊達市の街中へ。両山とも頂上近くは木がないため赤茶色をしている。伊達市に入り上り下りはさらに急になる。それがずっと続き、豊浦町はさらに急カーブで長い急勾配。今日の終わりまで続く。18時15分、虻田郡豊浦町字礼文華着。

走 52・9㎞（3305・3㎞）

70日目…………7月26日（土）

今朝、札幌、十勝地方にPM2・5の緊急速報。激しい運動や無駄な外出は控えるようにとのこと。今日は八雲を目指すが、そちらは大丈夫か心配になる。が行くしかない。いきなり昨日の続きの急カーブ、急勾配のアップダウンから始まる山越え。走り出してまもなく雨が降りだし、カッパを着ての走り。途中何度かどしゃ降りの雨になる。

山越えから長万部、八雲に至るまでは交通量が非常に多い。ダンプやトラックも多く、すれ違うと風圧と水はねがすごい。北海道以外、日本中が猛暑のようだが、北海道でもカッパを着ての走りは暑い。明日も雨模様。カッパを着ないで走りたい。16時35分、二海郡八雲町熱田着。

日本中のあちらこちらで熱中症がすごい。

53・8㎞（3359・1㎞）

71日目……7月27日（日）

予報通りの雨。内浦湾に沿って進む。函館本線森駅では、蒸気機関車を見た。しばらく行くと、踏切のそばで雨のなか、数人がカメラを持って立っている。蒸気機関車、カメラのマニアだろうか？ 好きなことには雨も気にならないのだ。森町の町中をぬけ、海岸線に沿って走ると風がさらに強くなり走りにくい。堤防に叩きつける波しぶきが高く怖いほど。

その後、海岸線から内側へ。山林や牧草地が続く。鹿部町に向かう山林に、今まで北海道ではあまり見なかった別荘地が点在している。北海道は別荘地の風土としてはかなり厳しい条件のところが多いので、これまであまり見なかったが、売り出し中ののぼりや洋風の瀟洒な家々がいくつか見える。土地や街区もアルファベット表示され、一瞬「ここはどこ?」と思ってしまう。約1カ月半、北海道を走って来たが、このあたりはこれまで通過してきた土地とは少し感じが違う。ゴールはそのまま温泉地。雨に降られているので、昨日も今日も移動せずに風呂に入れるのは、本当にありがたい。17時12分、茅部郡鹿部町字鹿部着。

北海道もあと2日で制覇できそう!

56・2㎞(3415・3㎞)

72日目……7月28日(月)

いよいよ北海道も今日と明日のみ。6月14日に函館入り、時計回りに走り始め、ほとんど人に会わない海岸沿いや牧草地、山林の連続、アップダウンの連続の日々が思い出される。今日は、スタートするとすぐに昆布干しを見る。日高周辺の15㍍くらいの長さの昆布とは違い、このあたりは1~1・5㍍の短い昆布だったが、しばらく行くと、4~5㍍に長さをそろえた幅広の昆布が金具の洗濯ばさみで多数ぶら下がっている。そばには乾燥小屋があり、どの小屋からも乾燥機の回る音がしている。

海の方を見ると、昆布の養殖域が見える。今まで見てきた昆布は天然だが、このあたりは主に養殖のようだ。乾燥小屋で乾燥させるのが養殖昆布で、外に干してある短いのが天然昆布らしい。昆布漁の家々は、スタートから恵山岬あたりまでずっと続く。この養殖域は、約50キロに及ぶのではないだろうか。海岸から離れると正面に恵山。それからは、いつもの何もない山林のアップダウン。そしてゴールは「道の駅「なとわ・えさん」。時間は早いが、ここで終わりにする。16時16分、函館市「道の駅　なとわ・えさん」着。

今日は早めのゴールだったのに、道の駅が定休日。残念！　道の駅の2階デッキから恵山を見る。眼下にあるのは津軽海峡らしい。いよいよ明日は北海道最終日。

73日目……7月29日（火）

45・7㎞（3461㎞）

北海道最終日。目指すは函館。6月14日、函館に上陸した時は雨。今日は朝から暑い。どの家も朝から昆布干しで忙しそう。昨日見た幅広の短めの昆布。これは天然の真昆布というのだそうだ。今日はそれに加え、真昆布にヒラヒラとしたチヂミがある昆布がたくさん見られた。これはガジメ昆布というらしい。それらが、家々の前や脇に敷かれた石の上にたくさん干してある。真昆布は幅の広い物は50センチくらいもある。これらは、ある程度水が切れ乾いたら乾燥機にかけるとのこと。

女那川地区～戸井地区は、今日が天然の真昆布の解禁日だそうだ。20日の解禁日が天候の具合で今日になったらしい。このあたりは、若い人たちよりおじいちゃん、おばあちゃんの姿が目立つ。しかし夏休みということもあってか、手伝いをしている子どもたちもいた。そんな光景を見ながらどんどん街中へ。函館ターミナルを目指す。一気に交通量が増え、路面電車も走っている。すごい混雑。昼食後の眠気なんて吹っ飛んでしまう。

15時42分、フェリー乗り場の函館市港町函館ターミナル着。

ついに北海道制覇！　明日のフェリー乗船の予約手続きをし、最後の夜は、函館山の夜景を見に行く。やっぱり北海道は、デカカッタ!!　正子は、膝の故障で走れない日が続き焦ったが、「あの広い北海道を一歩も走れなかった」なんていったら残念すぎる。広い大地を走れて本当に良かった。

走 44.1km(3505.1km)

青森から山口まで　日本海沿岸を南下する

74日目……7月30日（水）

9時10分発、朝一番の大間行きのフェリーに乗る。あの広大な北海道一周を制覇した達成感と、北海道はまだ一部。また仕切り直しをして、と思う気持ちが同時に沸く。

10時40分、大間に到着。北海道に渡る前に青森の太平洋側は走っているので、これからは日本海側を走る。まずは、陸奥湾沿岸。フェリーを降り買い物のあとすぐに走り始める。少し走ると急な上りの始まり。「来たか〜！」という感じ。

15キロくらい上り下りが続く。その後勾配度はさらに増し、ずっと上りばかり。遥か遠くを仰ぎ見ると、ずっと道路が走っている。長いS字カーブを上るにつれ、頂上までの距離が近くなったのを感じるとともに、下を見るとすごい山越え！　走って来た道と海は遥か下にある。頂上に近づいたと思ったら後ろにまだ山が……。

途中、数匹の猿が山から降りてきて道にいる。ビックリ！ 怖かったあ〜。熊出没の情報も事前にあり、ランナーと車と離れず走行。明日はもっときつくなりそう。17時05分、青森県下北郡佐井村。

35・4㎞（3540・5㎞）

75日目……… 7月31日（木）

昨日の終点、仏ケ浦からのスタート。昨日に続きアップダウンの連続、またしばらく上りのみ、そして脇野沢の道の駅まで下りが続く。途中、山と山の間から海が見え、夏泊半島が微かに見える。何ともいえない風景。またアブラゼミの鳴き声を聞き、「夏休み」を思い出す。北海道ではやはり涼しいのか、ヒグラシの声は聞いたが、アブラゼミの鳴き声は一度も聞かなかった。

「道の駅　わきのさわ」を過ぎ、陸奥湾に沿って海岸線を走る。ランナー調子よく走っていたら車は草で覆われた側溝に脱輪。海沿いの何もない所だったので、ロードサービスが来るまで1時間半待つことになる。その間、通り過ぎるほとんどの車が止まって声をかけてくれるのにはびっくりした。

ロードサービスを呼んでいると伝えたにもかかわらず、少しでも早くなんとかしようと自分の車で引っ張ってくださったり、実家からもらってきたというとうもろこし3本のうち1本をくださったり、自分のお父さんに連絡してくださったり、などなど。声をかけてくださっただけでもありがたいのに、本当にたくさんの方々に親切にしていただいた。

どうして皆さん、こんなに親切なのかと聞くと、冬場は雪が多く脱輪はよくあることなので「お互いさまの精神」だとのこと。たくさんの親切に出会い、青森での貴重な思い出になった。大事に至らなかったから良かったものの、明日からの運転と走り、本当に気をつけなければいけないと新たに思う。18時50分、むつ市川内町着。

76日目 ………… 8月1日（金）

53・4㎞（3593・9㎞）

昨日、おとといと、連なる山の尾根の縦走。アブがたくさんいて、昨日は、スタート時からアブの襲撃に遭った。車の周りは大小のアブだらけで、窓も開けられない。走っていても脚の周りにたくさん寄ってくる。タオルと帽子で払いながら走るが、2人ともに何カ所か刺された。

それらは海岸側に降りてきても、山ほどではないがたくさんいた。今朝もアブがいたが、払いのけるほどではなかったので普通に走れた。

とにかく暑い。しばらく走ると海上自衛隊大湊地方隊の前を通る。湾に数隻の艦船が見えた。むつ市を過ぎると、6月に北海道に渡る前に走った地域の名前の看板を多く目にする。太平洋側はアップダウンの山越えだったが、今回はアップダウンより暑さとの闘い。正子は、青森の太平洋側は脚の故障で走れなかったが、陸奥湾側は走れて良かった。17時10分、上北郡横浜町「道の駅よこはま」着。

77日目……8月2日（土）

走 50・6㎞（3644・5㎞）

今日も朝から暑い。走り出してしばらく行くと、吹越という地区に入る。ちょうどその一角に「吹越湧水亭」といって湧水が流れている所があり、皆が水を汲んでいる。我が家もペットボトルにその水をいただく。とても冷たくて気持ちがいい。向かいに豆腐料理の店があり、そこでもその湧水を使っているとのこと。

今日は、7月31日に仏ケ浦から脇野沢に下っている時に、山と山の間から見えた夏泊半島を目指す。半島や岬をまわる時は、必ず上り下りがある。小さな町の狭い通りを過ぎゴールのキャンプ場へ。土曜日ということで、大勢の家族連れやカップルでにぎわっている。17時10分、東津軽郡平内町大字東田沢着。

58・4㎞（3702・9㎞）

78日目……8月3日（日）

今日も朝から暑い。松林のキャンプ場を抜け海岸線に沿って走る。水がとてもきれい。海岸線で海水浴ができる浜を見たのは、北海道で1カ所、昨日、今日とで3カ所目。夏休みの日曜日なので、かなりの人出である。今日は途中、青森市の中心街を走る。

青森ねぶた祭りの最中だったため（8/1〜8/7）、街はその準備でにぎわっている。沿道には有料観覧席が鉄骨パイプで組まれてあり、その脇で祭りのスタッフや関係者がパイプいすを並べたり、打ち合わせをしたりしている。

祭りは今日は、19時30分からのようだ。すでに観光客の人たちも街に入っているので、車も人もいっぱいで、ランナーを待つ駐車スペースがない。かなり先で待っていたが、ランナーは車が見つからずあちらこちら探して、ドキドキの時間！　やっと会え、前に進む。17時50分、青森市大字六枚橋着。

夜、昼間通ったねぶた祭り通りには行かず、あ〜、残念！　せっかくいいタイミングなのに……。

50・3㎞（3753・2㎞）

79日目……8月4日（月）

竜飛崎手前を目指す。今朝は32度。昨日より2度低いが無風のため暑い。5キロくらいまで稲とソバ畑を見て走る。6月に太平洋側の青森で見たのは、田植えをしたばかりの稲。今日見た稲は、まだ穂が出ていなかったり、少し出始めたばかりだったり。

ミニヘリコプターで農薬の空中散布をしているところを見る。稲刈りは、例年は10月初めだが今年は9月下旬になりそうだとのこと。

その後、陸奥湾を右に見て走る。蟹田という所あたりに来ると、昨日走った夏泊半島、そして対岸の下北半島が見える。北海道から青森県に戻って初日に上った連山、仏ヶ浦の断崖絶壁が走りを進めるにつれはっきりと近くなる。後方に下北半島、鯛島、夏泊半島。仏ヶ浦が黄金色に輝く。

そして、ぼんやりと北海道が前方に。これらすべてが絶景。竜飛岬も近づいてくる。今日は今別町まで進み、その後、荒馬祭り会場へ。17時06分、東津軽郡今別町大字浜名着。

雨になってしまったため、荒馬祭り会場内で買い物をし、駐車場のある所まで移動。雨もあがり夜には花火大会。いいものが見られた。

50㎞（3803・2㎞）

80日目……8月5日（火）

朝から雨。走り始めるとやみ、今日通る竜飛岬手前の岬が見える。狭い海岸線を進み、竜飛岬を目指す。竜飛岬の看板を見て左に行くと急勾配のカーブの上り。

左にはたくさんの紫陽花がきれいに咲いている。S字のカーブで向かい風になると、まるっきり前に進めず、吹き飛ばされそうになりながら上る。そしてついに竜飛岬到着。上はものすごい風。残念ながら北海道、日本海は見えず。そしてそのまま竜泊ラインへ。

急勾配を上り始めると雨が降りだし、一気に雨風が強くなる。濃い霧でまるっきり前が見えない。ランナーは昭次郎、強風と大雨で飛ばされそうになりながらやっと進む。ドライバーも車が揺れ、周りが見えず怖い。走りを交替したくてもできない。恐怖の知床峠の時を思い出す。

あの時はこれに寒さが加わり今日以上の強風と大雨。やっと少し小降りになり交替する。しかしその後また大降りになり最後まで弱まらなかった。日本海に飛ばされるのではないかと思うほどだった。17時00分、五所川原市相内「道の駅　十三湖高原」着。

🏃51・8㎞（3855㎞）

8月6日（水）（ランニングなし）

正子の母の新盆法要のため、今日一日走ったら一時中断し館山に帰る予定だったが、今朝7時11分、五所川原市役所から避難勧告のメールが入る。金木川が氾濫水域に達したとのこと。その後も五所川原市で土砂災害情報、松野木川氾濫水域到達など何回も避難勧告が入る。昨夜、入浴施設まで18キロ車を走らせたが、川の増水を見て恐くなり急いで入浴し戻ったほどだった。

今日は五所川原市方面を走る予定だったが、走るのをやめて早めに館山に帰ることにする。

8月7日（木）～11日（月）まで館山滞在

新盆の法要を済ませ、房日新聞社訪問、飲み会などなど、館山での時間があっという間に過ぎた。久しぶりに大勢の人と会い、会話をしたという感じ。

また、下北半島・仏ヶ浦を南下している時、千葉ナンバーの車に声を掛けられ話をすると、その人は館山の隣の南房総市三芳の出身で千葉市在住の溝口さんという方だった。私たちが新盆法要のため一時館山に帰るのに合わせ、会いに来てくれ感激の対面。その後もずっと私たちの日本一周を気にかけ応援してくれた。

81日目

8月12日（火）

父と弟、母の遺影に見送られ、お盆帰省のラッシュを避けるため3時に館山を離れ、途中、宇都宮あたりで仮眠し、16時57分、五所川原市到着。買い物をし、お風呂に行き、その後、5日のフィニッシュ地点、「道の駅　十三湖高原」に向かう。市街地は、商店も明かりも多いが、道の駅が近くなるにつれて民家や街灯が少なくなる。道の駅手前3キロくらいからは、あたりは真っ暗。

明日からまた入浴施設、買い物場所、駐車場などを心配しながら、走らなければならない生活が始まる！　そう思うと、館山での安心した生活があることの幸せ感と、これから走る新しい土地への期待感とで、少し複雑な気持ちになった。

8月13日（水）

五所川原市相内「道の駅　十三湖高原」からのスタート。朝、大粒の雨が降ったが、すぐに止み快晴。日差しは強いが風があるので走りやすい。しばらく走ると、先日8月6日に河川氾濫水域まで達し避難勧告が出た金木川を渡る。当日このあたりは大変だっただろう。特に被害は聞いていないが、早めの対応が良かったのだろう。

また今日は、郵便局に寄った時に梅ジュースを、道の駅で買い物をした時にりんごを、それぞれ温かい励ましの言葉と一緒にいただいた。先日の脱輪した時といい、青森県の方々の温かい心に本当に胸が熱くなる。このような出会いがあるのがたまりませんね〜！ 昨夜の複雑な気持ちなんか吹っ飛びました。16時50分、つがる市「道の駅 もりた」着。

🏃43・4㎞（3898・4㎞）

82日目……8月14日（木）

鰺ヶ沢町を通り、深浦町を目指す。昨日、左斜め前方に見えていた岩木山を横に見ながら走る。鰺ヶ沢町に入り、右手に日本海が見え、振り返ると遠くに竜飛岬、小泊岬が見え、その遥か彼方にうっすらと北海道が見える。小さな町中をしばらく行くと「海の駅」があり地元の惣菜類を買う。

少し走ると前から太鼓の音が……。小太鼓と獅子（「ごげ様」と呼ぶらしい）をリヤカーに乗せて引いている。白八幡宮の祭りとのこと。子どもたちは良い頭になるように「ごげ様」に頭をかんでもらっている。私も図々しく、脳細胞が退化していく進行が少しでもゆっくりであることを願い、「ごげ様」にかんでいただいた。

町中を過ぎ、海岸線に沿って走る。イカを焼いて売る店が多く現れ、どの店先からもいい匂いが流れてくる。店の横には開いて二つ折りに干されたイカがずらりと風になびいている。千畳敷海岸では、たくさんの家族連れや友だち同士、カップルなどがテントを広げ、磯遊びや泳ぎ、バーベキューを楽しんでいる。駐車場に入りきれない車がずらりと路上に並ぶ。

今日は午前中は曇っていたが、午後から急に暑くなり、急勾配や長いアップダウンも多かった。また午後からは、昨日見た岩木山の裏側を走った。山全体は見えなかったが、かなり近くに感じた。17時10分、西津軽郡深浦町大字深浦着。

48・4㎞(3946・8㎞)

83日目…………8月15日(金)

朝から雨。5キロあたりから森林の中の上りが始まる。上りきった正面には、世界遺産の白神山地が！ 天気が悪く日本海、白神山地、空の区切りがはっきりしない。それらを見ながらアップダウンを繰り返す。途中何度もたくさんの猿に会うが、怖いので目をあわせないようにそっと通る。猿は平気で町中に降りて来て、民家の屋根や電柱にいる！ ある小高い山では猿、さる、サルばかり！

青森では、風呂でもスーパーマーケットでも、「ここはどこの国？」と思ってしまうくらいわからない言葉が行き交っていたが、たくさんの親切と温かい人情に出合った。

そしてついに秋田県入り。秋田と青森の県境近くにある「道の駅　はちもり」では「お殿水」と呼ばれる水が湧き出ているので、ペットボトルにいただく。しばらく走るとハタハタ館があり入浴施設もあるので、早めだがここで終わりにする。16時30分、秋田県山本郡八峰町八森着。

40・9㎞（3987・7㎞）

84日目……8月16日（土）

雨になりそうな曇り空のなかをスタート。ハタハタ館を出て少し走ると、右手前方に男鹿半島。しばらく右手に日本海、周りには連なるいくつもの山。そして稲が緑色の穂をつけたばかりの水田を見ながら、のどかな田園を走る。このへんの海側の田んぼや畑は、道路よりかなり低い位置にあり棚田になっている。

能代市に入ると急に道幅が広くなり、交通量が増え、大型店が並ぶ。街中を過ぎ両側に水田。さらに真っ直ぐな道を進むと、広大な八郎潟干拓地があり、ここは緑一色。この真っ直ぐな道がコースになるのかどうかはわからないが、8月31日の第46回八郎潟干拓地記念駅伝、第32回秋田女子マラソン開催の看板が立てられていた。

走りの終わりころには、梨、ブドウ畑を見る。そして初めて大きな葉の煙草の畑を見る。畑の傍にはビニールハウスがあり、もぎとられた葉がたくさんぶら下げられていた。18時00分、男鹿市五里合中石着。

85日目……8月17日（日）

55.3km（4043km）

「泣ぐ子いねか〜」のなまはげ半島こと男鹿半島を回る。朝から山間部の田園地帯のアップダウンを繰り返し、男鹿半島の先端、北緯40度の入道崎に到着。目の前にドーンと広〜い日本海。北海道の宗谷岬に着いた時はオホーツク海。あの時もデッカーイ海だった。正子は膝が治りかけ走れるようになった喜びもあり感動！

入道崎を回り、行けども行けども海。そして行けども行けども上り。入道崎を過ぎたあと16キロくらいずっと上り。八望台という所では、今まで右手だけに見えていた日本海が両側に見える。その後も長い上り下りを繰り返し潟上市へ。このころから雨も降ってくる。何度か小雨にあったが気持ちいい程度。強い日差しはないが風もなく、蒸し暑い一日。今日もよく上り、よく下った。17時50分、潟上市天王「道の駅　てんのう」着。

59・3km（4102・3km）

86日目……8月18日（月）

まずは秋田市に向かう。秋田港やフェリー乗り場があるせいか、朝から交通量が多く、多くの車が飛ばしている。走り出してしばらくすると雨になるが、蒸し暑かったので気持ちいい。

雨はすぐにあがり、今度は強い日差しとともに湿度が高くなり、蒸し暑さが増す。「道の駅　秋田港」（秋田市）、「道の駅　岩城」（由利本荘市）を過ぎ、今日のゴール「道の駅　にしめ」に到着。「道の駅　にしめ」には温泉施設はないが、隣に温泉施設があり、昨日も今日も走り終わって移動せずにすぐにお風呂に入れるのは本当にうれしい。18時00分、由利本荘市西目町沼田「道の駅　にしめ」着。

63・2km（4165・5km）

87日目……8月19日（火）

今日も蒸し暑い一日。午後からは、日差しも強くなり気温32度。昨日のゴール地点からは目の前に見えた鳥海山を、今日はバイパスの山越えをしながら見るが、山の上は雲がかかっていて見えず。「道の駅　象潟《きさかた》」は物産館、レストラン、展望温泉、足湯、遊戯広場など充実している。ここからの夕日は絶景とのこと。

今日のゴールがここなら本当によいのに……と思ったが、通り過ぎて前に進む。青森県は半島がたくさんあり、岬の先端を回るのにけっこう時間がかかったが、秋田県は15日に入り、今日はもう山形県入り。松尾芭蕉が通ったという三崎山脇を通り、早めに終わりにする。15時40分、山形県飽海郡遊佐町菅里「道の駅　鳥海」着。

42・7㎞（4208・2㎞）

88日目……8月20日（水）

朝、すべて準備が整いスタートしようとしたらエンジンがかからない。バッテリーあがり！　この3、4日、夜も蒸し暑く寝苦しいので、昨夜も屋根のファンを一晩中回していたのでそのためか？　またもやロードサービスにお世話になる。朝からロスタイム。

走り出すとすぐに雨が降り出し、一気に激しくなる。ランナーはずぶ濡れで、足元は池のような水たまり。ドライバーも前が見えず、ワイパーを超高速で動かす。お互い相手を見失わないようにするのが大変。その後もバイパスの途中で歩道が途切れ、路側帯だけになる。バイパスや橋の手前ではいつもヒヤヒヤする。人は通行止めというのがけっこうあるのだ。

雨は昼ごろ一時あがるが、また15時半過ぎに強く降りだす。今日は朝から車のトラブル、ゲリラ豪雨など、一日ハラハラの連続。ニュースでは、朝から広島の土砂災害の様子を伝えていた。映像を見ているだけで苦しくなる。17時50分、鶴岡市由良着。

🏃 53・2㎞（4261・4㎞）

89日目……8月21日（木）

今日もまた雨か！　と小雨の中のスタート。走っているうちに日差しが出てかなり暑くなる。昼ごろ、新潟県村上市に入る。右手に島。佐渡島かと確認すると粟島。大きさが全然違う。また、笹川流れの塩と称して、昔ながらの釜で煮詰める製法の塩を売っている所が何カ所かあった。それらの横には薪がたくさん積まれ、煙突から煙が出ていた。

しばらく行くと大きな岩を所々で見る。岩の一部がトンネルであったり、穴があいていて向こう側が見えたり、隙間から陽が射し込んだりしていた。そのうえ、岩には松や草木が生えている。

今まで海岸線にそって走っていて、大きな岩はあちらこちらで見たが、このあたりは岩、海、岩に生えている草木が一つになって景観が素晴らしい。何度も足を止めてしまった。

寒川《かんがわ》という地区から、笹川地区まで約11キロの景観。笹川流れというのは、そこから名付けられたとのこと。国の名勝、天然記念物に指定されているこの海岸景勝地は、日本百景にも選定されているようだ。この景色、本当にいいね〜。

17時15分、新潟県村上市桑川「道の駅　笹川流れ」着。

90日目……8月22日（金）

🏃 48・2㎞（4309・6㎞）

朝からすごい暑さ。今日は昨日の笹川流れの景観から離れ、白砂の海岸に沿って上り下りを繰り返し、新潟市方面へ。トラックが非常に多く、駐車スペースや歩道がないので、走っていても運転していても怖い。

胎内市に入り松林の中を走っていると、枯れた松が多数ある。松食い虫か他の原因か定かではないが……。

また道端の森林公園のなかには、サルスベリの木が濃いピンク、薄いピンクそして白と、花をたくさんつけていた。木自体はとても細いのにたくさんの枝に花を見事につけている。緑の中に突然これらの色が見えるととてもきれい。

16時ごろ、新潟県に竜巻情報が出る。不安のなかを走るがたいしたことなく終わる。16時56分、北蒲原郡聖籠町大字次第浜着。

🏃 51㎞（4360・6㎞）

91日目……8月23日（土）

昨日の34度に比べると若干、楽だが今日も暑い。午前中、走りながら途中で買い物をする。その後、走りを続け昼食。

佐渡行きフェリーの出発時間30分前にはフェリー乗り場に着きたいということで、午後からはハイペース。

15時25分、佐渡汽船フェリー乗り場に到着。16時00分発両津港行きの佐渡汽船に無事乗船する。18時30分、佐渡島上陸！

いよいよ佐渡島です。何もなさそうでコワイ！　です。

🏃 32・7㎞（4393・3㎞）

92日目……8月24日（日）

今日から佐渡一周をする。国道45号・佐渡一周線を反時計回りで走る。何もないことは予想通り。スーパー、商店などまったくない。午前中に、梅を干している方と話をする。東京・お茶の水にある通販会社にここの梅を出しているとのこと。「寄ってゆっくりしていけば」「泊まっていけば」と気さくに声をかけていただく。「ただってわけにはいかないから、ここの仕事を3、4時間手伝って」とも。半日ここの仕事をし、半日泳いだり、山歩きをしたり、山菜採りを楽しんだりする人もいるとのこと。今日手伝っていた方々は梅のヘタを取っていた。

旅の途中の寄り道は楽しいが、今回は走りを進める。スタート後、しばらくしてから上り下りはあったが、24キロ過ぎに急勾配の上り坂。車のハンドルがかなり斜めになってしまうくらいの勾配が続く。その後、外海府海岸に出ると、33キロ過ぎに二ツ亀、36キロ過ぎに大野亀という大きな亀（?）のような小さな島を見る。大野亀の岩肌を見ながら海の側までやっと下ってきたかと思うと、道はまた山に上る。6キロ上っては5キロ下るの繰り返し。

しかも急で道幅もかなり狭い。そんな道や海の際のちょっとした小さな土地にも水田があり、稲が植えられている。心臓破りのアップダウンを繰り返しゴールは関岬国民休暇村オートキャンプ場！17時20分、佐渡市矢柄「関岬国民休暇村」着。

🏃 51・8㎞（4445・1㎞）

93日目……8月25日（月）

昨日の大佐渡山地の山越えとは変わり、なだらかな上り下りの外海府海岸沿いに走る。アブラゼミの大合唱を聞き、カブトムシの匂いを感じながら走った昨日。今日も相変わらずセミの鳴き声はすごい。ただ今日は民家の他に個人商店、会社、宿泊施設などがある通りを走る。

佐渡国際トライアスロン大会があるためか、ここ数日ロードバイクに乗っている人をよく見かける。午後からはやっぱりきました、急勾配の上り下り。風が少し涼しくなり、走るのが少し楽になる。連日の急勾配の上り下りで疲れる。17時40分、佐渡市八幡着。

🏃 53・2㎞（4498・3㎞）

94日目……8月26日（火）

朝から雨。昨日、おとといと佐渡に来てから「土石流危険渓流」「落石注意」の看板を頻繁に見た。大雨の時には注意するようにということだ。8月20日に起こった広島の土石流災害で指定区域が問題視されているが、このあたりもそうなのだろうか。

あるところに来ると、大きなわらじが道の脇にぶら下がっている。「春来《はりきり》」といって正月につくり、集落の端と端に飾るとのこと。疫病、悪人よけの道祖神らしい。また小木港では、太鼓芸能集団「鼓童」のメンバーがイベントの片づけをし、出港するフェリーを太鼓を叩きながら見送っていた。

宿根木という所では、屋根に杉の丸太を薄く割って並べ、その上に石を載せてある家が建ち並ぶ集落を見る。佐渡には新建材の家はほとんどない。今までも海岸線では杉板の外壁を使っている家を見たが、佐渡ではほとんどの家がそう。小木港から上がった狭い路地の個人商店街も、昔のままの姿を残す。日本の原風景があちらこちらに残っているせいか、なぜか懐かしく落ち着く。18時00分、佐渡市三川着。

95日目……8月27日（水）

50・5㎞（4548・8㎞）

朝起きると、昨夕は見えなかったが対岸に本土が見える。今日は4日前に着いた両津港フェリーターミナルまで走る。スタートして2キロあたりに、工事のための交通規制の看板があり、通行止めの時間帯、そして一時間のなかに15分ずつ通行できる時間帯、迂回路が表記されている。迂回路は約9キロ、本来のコースなら4・5キロ。200メートルの工事区間を迂回路ではなく、通行止め解除になる時間帯まで約40分、キャンピングカーのなかで昼食の準備をしながら待った。

通行止め解除後は、海のすぐ脇を潮の香りを感じながら走る。曲がりくねった狭い路地やアップダウンを繰り返す。ちょうど30キロを過ぎたころ、4日前に上り下りをした山がはっきりと近くに見え出す。次第に両津の街並みが近くなり、佐渡島一周もいよいよ終わりに近づく。15時50分、両津港フェリーターミナルに到着。入浴、食事をすませ、19時30分発新潟行きのフェリーに乗船。明日からまた本土を走る。22時、新潟港着。

42・5km（4591・3km）

96日目……8月28日（木）

今日からまた、新潟市内に戻る。朝はバケツをひっくり返したような雨。新潟港前の道路は朝から交通量が多く、昨日までの佐渡とはまったく違う。日本海夕日ラインという、南房総館山若潮マラソンで走る平砂浦あたりによく似たコースを走る。やはり道や砂浜に砂の山ができている。その後、大根や大和芋、ネギの畑を見る。このあたりは砂地なので、大根畑にはスプリンクラーが入っていた。

今日は佐渡を右に見て走る。昼ごろには雨も止み、日差しも強くなるが風は爽やか。海風がだいぶ強い。朝晩はかなり涼しくなってきている。16時40分、長岡市寺泊金山着。

🏃 50・5km（4641・8km）

97日目……8月29日（金）

スタートして4キロの所で、お孫さんと散歩している足立さんという方に会う。寺泊山田にある創業1830年の老舗曲げ物工房のおばあちゃん。電子レンジで使えるわっぱをご主人が製作したとのこと。見ていくよう声をかけてくださる。ご主人は5年前に他界され、今はご子息が十一代目として伝統技術を受け継いでいるが、だんだん材料の入手が難しくなっているという。ご主人の職人気質、ご夫妻の「あうん」の呼吸の話、夫婦2人が健康でいられる幸せ感など、工房で製品を見せていただきながら良いお話を聞き、ご子息には会えなかったが、朝から元気をいただく。

その後、いくつかの海水浴場を通るが、みな「海の家」の片づけをやっている。

44・7㌔の所で「上越まで34㌔、富山まで146㌔」の標識を見る。着々と走り、進んでいる気がする。17時40分、柏崎市米山町着。

51・3㎞(4693・1㎞)

98日目……8月30日(土)

夜から朝方にかけ大雨。川の増水、氾濫がありはしないかと心配で眠れなかった。朝には止むが、今にも降り出しそうな天気のなかを走り出すと、雨雲はどこかに消え、日差しも強くなり暑い。

歩道のある国道8号を行くが、交通量が多く駐車スペースがないので別ルートの253号に変更する。しかし、また途中から8号と合流し、8号線だけになる。

そこからは、自転車と歩行者の専用道路が幅広くあったり、車よりかなり高い位置に専用道路があったりで、ランナーは安心して走れるのだが、出入り口が何カ所もあるので、事前の確認をしながら走る。17時07分、糸魚川市大字能生小泊「道の駅　能生」着。

道の駅には、かにや横丁や鮮魚センターがあるが、閉店の片づけをしていた。

50㎞(4743・1㎞)

99日目……8月31日（日）

昨夜は道の駅に泊まった。朝6時過ぎにもう、かにや横丁や鮮魚センターの方たちが来て開店の準備をしている。昨夕17時とともにサッサと片づけをしていたのは、朝が早いからだとうなずける。日曜日とあって朝からバイクライダーが多い。また長いトンネルやくねくねとカーブの多いトンネル越えがいくつもある。しかも、どれも歩道がなく、大型ダンプカーやトラックがとても多く、危険を感じながらの走り。それを繰り返し、境川を渡る。水がとてもきれい。

境川を渡ると富山県！　稲穂が黄色に色づき、刈り入れ時も近そうな田が続く。排水路にはきれいな水がたくさん流れている。スーパー、コインランドリー、風呂がみな近くにあったので、ここで今日は終わりにする。16時50分、富山県下新川郡入善町椚山着。

52・1km（4795・2km）

100日目……9月1日（月）

北アルプスを遠くに望みながら走る。川、水路、堀にはきれいな水が豊富に流れている。それらのなかには底に段差をつけてあるところもある。入善町や黒部市には、道沿いに湧水が豊富に出ている。また立派な家や墓石が多い。墓石は高さ、幅、造りがかなり立派で、今までこれほどに立派な墓は見たことがない。

滑川市に入ると、「アクアポケット」という深層水分水施設がある。水深333㍍の地点から深層水を汲み上げ、脱塩装置を使い4種類の海洋深層水を提供しているそうで、ガソリンスタンドのような感じ。ポリタンクを持ったお客はノズルや蛇口から海洋深層水を出してもらっている。

昨夕、走ったあとに寄ったスーパーマーケットで買い物をしているうちに、かなり体が冷えてしまい、今日は2人ともなかなかうまく走れず、また午後から小雨に降られたが、夕方までどうにか走りきる。17時14分、射水市本江着。

101日目……9月2日（火）

52・4㎞（4847・6㎞）

射水海王丸マラソンが9月28日に開催されるようで、立て看板を所々で見る。伏木港にかかる大橋を渡る。港周辺は大型トラックの出入りが激しい。氷見市は漫画家、藤子不二雄の生誕の地だそうで、1時間に一度「忍者ハットリくんやその仲間たち」の人形が橋の上に現れるからくり時計があったり、アーケードの商店街にも藤子不二雄の人気キャラクターの人形やポスターが貼られたりしている。

また、このあたりの商店街や民家は1軒1軒の間がまったくなく、みんなくっついている（佐渡にも見られた）。大きな富山湾に沿って、そして朝渡った大橋を遠くに見ながら走る。15時半過ぎ、石川県に入る。いよいよ石川県！

石川県に入ったとたんアップダウンが始まる。石川県は、岬が多く時間はかかるだろうが、能登島、能登半島、金沢など楽しみだ。17時05分、石川県七尾市庵町着。

50・9㎞（4898・5㎞）

102日目……9月3日（水）

昨夜泊まった「道の駅　いおり」から、昨日のゴール地点まで車で移動し、そこからのスタート。能登島大橋を渡り能登島へ。大橋からの眺めは絶景だ！

「只今の入町車998台」が点滅していたので、調整して1000台目で町に入った、が特にサプライズはなかった。能登島は「のと里山海道」を走るが、島全体、名前の通り田畑、山、海、そして民家がポツリポツリあるのどかな里山。

そしてまた、能登半島への大橋を渡って長浦町、そして穴水町へ。黒瓦の屋根と板壁の家々が軒を連ねる海の町。どこか佐渡島に似ている。

入江に細い丸太で、「ボラ待ちやぐら」といわれるやぐらが組んである。やぐらの上に見張り台があり、見張り人がボラの群れを知らせ、仕掛けておいた網をたぐるという、日本最古のボラ漁法が残る（今は観光用だけ）。また、穴水は相撲の遠藤関の出身地。山越えの畑に遠藤関の案山子《かかし》と応援メッセージがあり、かかしをつくったおばちゃんと話をする。17時50分、鳳珠郡穴水町字鹿波着。

スズムシやコオロギの音色が聞こえるようになったが、夜はまだ暑く寝苦しい。

103日目……9月4日（木）

54・7㎞（4953・2㎞）

まだ暑さが続くが、特に今日は蒸し暑いのと、昨日の山越えの疲れが残っているのか、2人とも午前中はなかなかスムーズに走れない。七尾北湾に沿って湾のすぐ側の狭い道路を行く。車1台がやっと通れる道幅。そんな所にも路線バスが走る。そのため待避所が所々にある。家も海のすぐ側にあり、波打ち際からの距離があまりない。田もそうだ。

昨日走った能登島が近くに見え、遥か向こうには立山連峰も見える。所々で稲の掛け干しや稲刈りを見る。こちらは稲を干すのに、稲架《はさ》が何段にもなっている。

程谷という小さな集落では今日が祭礼で、キリコと呼ばれる高さ3、4㍍くらいの巨大な御神灯を2本の担ぎ棒で担いでまわる。過疎化で担ぐ人が少ないのか、高齢化のためか、高さのある重い御神灯を10人くらいで担いでいるのだが、いくらも前に進めず、置く台が下に付いていて少し進むとすぐに置いたり、上り坂は台ごと引っ張ったりしていた。かなり大変そう。坂が多いので、車はつけられないとのこと。祭礼といっても、子どもや若い人、外に出ている人はほとんど見ない。距離は進まないが温浴施設のある所で終わる。17時15分、珠洲市宝立町鵜飼着。

104日目……9月5日（金）

45・7㎞（4998・9㎞）

小さな町を過ぎ、奥能登最先端の地、狼煙《のろし》を回ると、アップダウンの勾配もきつくなる。田んぼに人が大勢！　と思ったら案山子だった。その田んぼから道の両端に300㍍くらい、サラリーマン、セーラー服の女学生、グラマーなお姉さん、エプロンおばさんなどユニークな案山子がずらり並んで出迎えてくれる。その先では、田んぼの構造改善をしている。

そこを過ぎるとさらにアップダウンがきつくなり、勾配のきつい下り坂を下るとコバルトブルーの海。いくつもの小さな岬を回ってはまた次の岬へ。そのたびごとに上っては下りを繰り返すのだが、それぞれに魅力的な景観をもつ。「奥能登絶景海道」とある。まさに！　という感じ。

また少し行くと、砂にほうき目が入った塩田を所々で見る。塩田に海水をまき塩分を含んだ砂を集めて濃い海水を取り出し、釜で煮詰めて塩をとる製塩技術で、揚げ浜式製塩法というそうだ。

またくみ上げた海水を1週間以上、すだれや竹枝、ネットにスプリンクラーで散布、太陽や風で濃縮する流下式製法もあるとのこと。このあたりを「塩の道」と呼ぶのだそうだ。昔の重労働だった塩づくりの話などを寄り道して聞く。

17時32分、珠洲市清水町「道の駅　すず塩田村」着。

🏃 48・4㎞（5047・3㎞）

105日目………9月6日（土）

昨日の塩の道の続きを、塩田を見ながら走る。稲の掛け干し用に3～8段くらいに太い竹や細めの木が組まれていて、そこに脚立を使って干されている。家の前や横、空き地、田んぼの中などあちこちで干されているのを見る。

今日も早い時間からアップダウンが始まる。輪島市に入り「道の駅　千枚田ポケットパーク」では、棚田の小さな田んぼに稲が植えられている。房州の鴨川でも大山千枚田があるが、ここの棚田はかなり狭い所にも植えられていた。すごい観光客の数。

輪島市市街地には、キリコの形の案内板や店の名前が書かれたものが多く見られる。17時50分、輪島市門前町千代着。

51・1㎞（5098・4㎞）

106日目

9月7日（日）

今朝はさわやかな秋という感じだったのだが、みるみる日差しが強くなり暑くなる。館山は雨のようだが、こちらは真夏のようだ。今日も6キロ過ぎからアップダウンが始まり、日陰はよいが何もない所は暑い。

志賀原子力発電所（北陸電力）の横を通る。高い塀と鉄条網が張り巡らされている。柏崎、刈羽原子力発電所は鉄条網と監視カメラが広範囲にわたってあり、かなりものものしい感じだったが、ここはそれほど感じない。終日上り、下り。そして暑い！　17時24分、羽咋《はくい》市千里浜町着。

52・2㎞（5150・6㎞）

107日目……9月8日（月）

羽咋市の民家や商店街を過ぎると、かほく市に入り、砂地の畑が続く景色の中を走る。河北砂丘である。畑にはスプリンクラー用の蛇口がたくさん出ているが、収穫が終わったのか何も植っていない所も多い。

内灘町に入り、「道の駅　内灘サンセットパーク」や金沢医大の通りは、高台で新興住宅地。昔からの家はなく新しい家ばかりが並ぶ。だが高台から見る下の街並みは、水田や酪農家らしい建物が多い。今日も暑い一日。17時40分、白山市徳光町着。

夜にはきれいな満月が見られた。

51・2km（5201・8km）

108日目……9月9日（火）

朝から交通量が多い通りを行く。ランナーを待つ停車スペースがない。能美市から小松市にかけては工業団地で、大手企業と工場が立ち並ぶ。上空では、航空自衛隊小松基地の戦闘機がものすごい爆音をたててひっきりなしに旋回、すぐ真上をすごい速さで飛んでいく。下には民家、会社、公共の施設などがある。小松空港もすぐ近くにあるので、民間機の離発着の音もかなり大きい。

15時34分、福井県あわら市に入る。北潟湖やコンバインでの稲刈り風景を見ながら走る。能登半島以南では稲の掛け干しは見られない。今日も暑い。松井秀喜ベースボールミュージアム前を通ったが、今日は休館日。17時10分、福井県あわら市温泉着。

51・2㎞（5253㎞）

109日目……9月10日（水）

「道の駅　みくに」は土産物の他に、野菜や果物、魚、総菜、弁当の品数が豊富。煮魚、焼き魚など、魚を使った総菜が多い。越前岬を回ると若狭湾。対岸にうっすらと敦賀市の方向が見える。越前町に入ると、左側は草木が生い茂る断崖絶壁や急斜面が続く。こんな急斜面でもきれいに草刈りがしてあり、そこに水仙の球根を植えるのだそうだ。球根は時期が終わったら全部掘り出し、また植え替えるとのこと。この急斜面と潮風で、12月、1月には水仙が咲き誇るようだ。温かい房州と同じ12月に咲くとは驚きだ。

ニュースでは北海道の石狩市と白老町に大雨土砂災害の情報。通ってきた所だけに、被害がごくごく少ないことを祈る。17時05分、丹生郡越前町厨着。

47・4㎞（5300・4㎞）

110日目……9月11日（木）

冬に水仙の咲き誇る越前岬や越前加賀海岸国定公園の海岸線に沿って走る。少しするといくつものトンネル越え。そして越前・河野しおかぜラインを走るが、トンネルも、しおかぜラインも歩道がなく、大型コンテナ車や大型トラックの往来が非常に激しい。

昨日見えていた敦賀湾の対岸が、大きくはっきりしてくる。と同時に越前岬が遠くなる。敦賀湾を回ると、昨日そして今朝通った所が西日を浴びて光っている。そのまま行けば敦賀原子力発電所。道も途切れるので峠越えする。約1・4キロのトンネルの中で敦賀市から美浜町へ入る。トンネルを抜けるとまた海岸線に出て、前方には美浜原子力発電所。17時18分、三方郡美浜町竹波着。

🏃 49km（5349・4km）

111日目……9月12日（金）

朝起きると、今日走る予定の若狭湾の常神岬方面に朝日があたり、キラキラ光っている。その右手には丹後半島まで見える。左手は断崖という景色を離れ、美浜町、若狭町へ。三方《みかた》という地区に来ると、杉林だけでなく孟宗竹の林がかなり出てくる。「三方五湖」という標識に出合う。初めて知ったのだが、三方湖、水月湖、菅湖、日向湖、久々子湖という小さな湖がくっついてある。

小浜市に入る。「道の駅　若狭おばま」には、焼きサバなどの地場食材の他に、アメリカ・オバマ大統領の大統領就任を祝う言葉が掲げてあった。

夏が終わり、すでに閉鎖されたいくつかの海水浴場を通るが、駐車場も広く施設もきれいで充実している感じがする。17時47分、大飯郡おおい町成海「道の駅　うみんぴあ」着。

56・5㎞（5405・9㎞）

112日目……9月13日（土）

雨雲の通過の時に何度か降られるが、走っていて暑いので、気になる雨ではない。11時20分、京都府舞鶴市に入る。住宅地は淡々とした上り、舞鶴湾に沿って走るとアップダウンがきつくなる。

由良川のつり橋を渡る時には風雨が強くなる。断崖絶壁の海岸線粟田湾に沿って走る。波は高く下を見ると恐ろしい。途中、大阪から女性1人でロードバイクで来たというYさんと出会い、かなり長い時間おしゃべりしてしまう。そして宮津市に入り、ゴール。18時25分、京都府宮津市字魚屋着。

56・9㎞（5462・8㎞）

113日目…………9月14日（日）

スタートしてすぐに、宮津湾と阿蘇海に横たわる天橋立に着く。生い茂っている松は約8000本とのこと。展望台には行かず松並木を少し歩いて引き返す。龍が天に舞い上がる姿を股のぞきできず残念、せっかくここまで来ているのに……。天橋立を見ながら阿蘇海を進む。伊根湾に入ると天橋立は見えなくなり、昨日見た冠島と沓島が大きくはっきり見えてくる。

天橋立に寄ったり、今日のゴール地点は何もない所なので途中買い物したりして、午前中はほとんど走れず。腰や脚に痛みが出ていることもあり早めに終わりにしようと、予定の温泉より手前の温泉に行くが、日帰り入浴はやっていないとのことで、結局初めに予定していた温泉まで行くことに。

それからは、断崖絶壁、アップダウンもさらにきつくなる。早めの休養なんて考えていたが、大どんでん返し。18時25分、京丹後市丹後町久僧着。

やっと着いた温泉だが、今日は歴史街道丹後100キロウルトラマラソンがあったようで、レース後に入りに来ている人、また連休中でもあり一般の観光客も多く大混雑！　早めの休養どころか、やっと着いた温泉にもゆっくり入れず疲れる。

🏃 50・9㎞（5513・7㎞）

114日目……9月15日（月）

昨日の100キロウルトラマラソンの看板が所々にあり、市の職員らしき方が片づけている。距離表示の看板はまだ残っていて、自分たちも参加しているようで楽しい。昨日、丹後半島をまわり日本海に出たわけだが、海岸線に面した棚田はほぼ稲刈りを終えたか、今日刈っているところも何カ所かあった。

今日も、朝からアップダウンあり。日本中央標準時子午線塔の所で昼食。東経135度、北緯35度39分21秒。午後、魔の峠越え。狭いくねくねしたS字カーブのアップダウン。ガードレールもないところが所々あり、下は絶壁。

16時22分、兵庫県豊岡市に入る。うって変わってのどかな農村地帯となる。稲刈りはほとんど終わり、各家で機械乾燥や籾すりをしている。その後、城崎温泉街に出て、ゴール。16時22分、兵庫県豊岡市城崎町湯島着。

51・8km（5565・5km）

115日目……9月16日（火）

円山川に沿って走り、すぐに山越えが始まる。途中、工事中の新道があるが、車専用道路のため、別ルートで行きかなり遠回りになる。ある集落を通った時に、おそらく村の方々だと思われる大勢で、道沿いのパーキングの草刈りやごみ拾いをしている。稲刈りや稲刈り後の忙しい時期なのに、本当にありがたい。各地を走っていると、本当にごみの投げ捨てが多いのがわかる。北海道は特にひどかった。

その後、海岸線に沿って走るが、山陰海岸国定公園とあっていい景色！　17時30分、美方郡新温泉町浜坂着。

53・8㎞（5619・3㎞）

116日目……9月17日（水）

スタートしてすぐに、魚市場の競り場を通る。テンポのいい掛け声が聞こえてくるが、何を言っているかまったくわからない。甘エビの山。

その後、七坂八峠といって急カーブのS字が続く。来たか～！　という感じ。峠を越えたあとは、海岸に沿って走る。岩と松、白砂、そして海岸線。とてもきれい。

9時40分、鳥取県に入る。福部村という所では二十世紀梨の売店や観光園がずらりと並ぶ。大型バスで梨狩りに来て食べている。そして鳥取砂丘へ。しばらく砂丘を見て走る。

そして、神話「因幡の白うさぎ」で有名な白兎海岸を走りゴール。17時20分、鳥取県鳥取市気高町八束水着。

50・4㎞（5669・7㎞）

117日目……9月18日（木）

朝から交通量の多い道で、しかも1、2キロのトンネルの中は排気ガスで息苦しい。その後、湯梨浜町の海岸に出る。平日なのにたくさんのサーファーが波乗りをしている。北条という地区ではブドウのハウス、長芋、ネギ、ラッキョウなどの畑が大きくある。砂地なのでスプリンクラーが短い間隔でたくさん立てられている。

北条砂丘かん水センター前では、「太陽光で環境にやさしい農業を！」と掲げている。かん水センターのほんの一部で太陽光パネルを見たが、他では見ない。これまでも他道府県の岬や海岸線で多く見た風力発電の風車が、ここの海岸線にもたくさんある。

今日もスタートしてまもなく、車専用道路になってしまい別ルートへ。交通量が多く大型車が多いのでドキドキ。車が少なく、ゆっくり走れる道がいい！

大山が見えゴール。17時35分、西伯郡大山町西坪着。

53・3㎞（5723㎞）

118日目……9月19日（金）

大山を左手に見ながら走る。昨日は雲がかかり、上が見えなかったが、今朝ははっきりと大きく見える。中国地方の最高峰とあってまわりの山と比べるとはるかに高い。少し行くと右手前方に隠岐諸島。移動しながら大山やその周りの山々が、見る角度によって形を変えていくのは本当に美しい。

米子市から米子鬼太郎空港を通り境港市へ。島根県松江市に入るのに大根島を渡ろうということになり、全長１４４６・２㍍の江島大橋を渡る。テレビCMに登場した天に昇るような急勾配の坂。橋を登っている途中で島根県に入る。橋を下り大根島。そこからは中海の中に新道ができていて、松江市に続いている。両側の海を見ながら走り松江市の中心街、そして宍道湖へ。

松江市役所前には、先週のテニス全米オープンで準優勝を果たした、松江市出身の錦織圭選手を祝う文字が掲げられている。またこのあたりは夕方ランニングをしている人が多い。17時50分、島根県松江市千鳥町着。

走 ５７㎞（５７８０㎞）

119日目……9月20日（土）

朝6時ごろから、ランニングをしている人やごみ袋とトングを持ちながら散歩をしている人を多く見かける。宍道湖に沿って18キロぐらい走りを進める。出雲平野にはハウスのブドウ畑、イモ畑が多い。稲刈りはほぼ終了している。

午後から出雲大社参拝。神聖な場とは承知しながらも、ランニング姿そのままで参拝。60年に一度の御遷宮に伴い、ふき替えを終えた御屋根、御本殿には美しさと威厳を感じる。出雲駅伝1区の選手と同じように鳥居前の坂を、一気に……ではなくゆっくりかけおり、その後アップダウンを繰り返し、ゴールの道の駅を目指す。18時14分、出雲市多伎町多岐「道の駅　キララ多伎」着。

55・2㎞（5835・2㎞）

120日目……… 9月21日（日）

広く長い海岸線を上り下りしながら進む。今日は天気がいいので、海も青く静か。ここ3、4日、朝晩が涼しくなってきたが、日中は25〜26度あり、暑い。4日前までは毎日26度あった。

今日は午後からもずっと上り下り。山陰道は車が多いうえ、道路やトンネルの中に歩道がない所も多く、車はものすごいスピードで下って来るので怖い。17時20分、江津市浅利町着。

このところゴール近くに温浴施設があったが、今日はないので車を片道7キロ走らせ温泉施設へ。

🏃 53・7km（5888・9km）

121日目……9月22日（月）

朝から日差しが強くとても暑い。今朝は「道の駅　サンピコごうつ」付近からスタートしたが、道路の両側にたくさんの人。行けども行けども人、人、人……。土曜日から始まった秋の全国交通安全運動の一環で、浜田市では2000人で手をつなごうキャンペーンが実施されているとのこと。一時間にわたり道路沿いに立って交通安全を呼びかけているようだ。

ここ何日間か走っている山陰道は、車専用道路ではないがとにかく交通量が多く、車は飛ばしている。しかも歩道がない所もあり、今日も走りやすい別ルートを途中で少し入れる。今日もよく走りました。18時40分、益田市西平原町着。

🏃 61km（5949・9km）

122日目……9月23日（火）

島根県5日目。縦に長いので、やはり時間がかかる。今日は、地元南房総では千倉ロードレースの開催日。台風は大丈夫だったが、かなり暑かった様子。

午前中は、走りの途中で正子が買い物、その間に昭次郎は1000円カットの床屋に入る。小樽の時に初めてやってみたが、早くて時間のない私たちには便利。仕上がりは、行きつけの床屋と同じというわけにはいかない。小樽の時は孫悟空そっくりになったが、今回は長めにしてもらったのであまり笑えない。

14時50分、山口県に入る。4つのトンネルをぬけると広い海。すごくいい景色。

18時00分、山口県阿武郡阿武町大字宇田着。

走りのあと、萩に住む二人の共通の友に19年ぶりに会いに行き、一晩お世話になる。

123日目……9月24日（水）

46・5km（5996・4km）

今朝は、畳とふかふかの布団からの起床。昨夜は久しぶりの友の家族との楽しい時間を過ごした。あと2、3日ゆっくりしていけばいいのにという友の甘いささやきに心が揺れるも、お世話になった家族のもとを離れる。たくさんの会話と本当に温かいもてなし。自家製の野菜やみそ、お昼用のおむすびまで持たせてくれた。お米まで持っていくように言ってくれたが、館山から持ってきていたお米があったので辞退した。本当にありがたい。元気をたくさんもらう。

友だち家族と別れ、海岸線に沿った道路を走る。小さな、地図で見てもわからない島が目の前に5島あり、存在感がある。いい景色。台風の影響で潮風が霧状になって舞い上がってくる。車のフロントガラスもすぐに潮で白くなってしまうほど。風もかなり強くなってくる。

午後からは、雨が降り出しかなり強くなってきたので、早目に終わる。16時40分、萩市三見「道の駅　萩・さんさん三見」着。

37・1㎞（6033・5㎞）

124日目……9月25日（木）

昨夕から今朝にかけ大雨と風。朝には小降りになりスタート。海岸線に沿って峠を上ったり下ったり。下は海。台風のため、白波が立っていて波の音も大きい。時折、強い雨に何度か遭うが、14時半ごろには晴れて暑くなる。

長門市に入ったころから、10月5日に開催される「ツールド下関」のサイクリングロード開催中の協力お願いの看板を所々で見る。昨日の台風のため風はあったが、走るにはさわやかな風だった。17時05分、下関市豊北町大字神田上「道の駅　北浦街道豊北」着。

50・4㎞（6083・9㎞）

路肩に車を停め、サイドミラーの中にランナーの姿を探す。
この小さなミラーが走り続ける二人をつなぐ。

関門海峡を超えて九州を走る

125日目……9月26日（金）

台風もたいしたことなく過ぎ、朝から快晴で暑い。昨夜泊まった道の駅では、朝6時くらいから売店前や建物の周囲、大きなガラス窓など、テキパキと掃除をしているおじさんを見る。朝から元気で、見ていて本当に気持ちがいい。お礼を言うと温かいお言葉と元気をいただく。走りを進めると、前方に今日進む湾がいくつも重なりながら見える。

午後からはかなり暑くなり、下関市の中心街に近づくにつれ交通量も一気に増す。明日九州に渡るはずだったが、今日に変更。関門海峡を渡るのに、ランナーは関門トンネルを、車は関門橋を渡る予定だったが、出入り口の混雑と、九州入口までの距離がランナーと車とで大きく違ってしまうので、走らずに海峡は車で通過し、北九州市門司区に入る。

九州は反時計回りで走る予定。街の中心地は車が多く駐車スペースがないため、ランナーへの指示を出すのが大変。これからしばらく大きな市が続くので走りも運転も大変になりそう！　18時02分、福岡県北九州市門司区矢筈町着。

🏃51・5㎞（6135・4㎞）

126日目……9月27日（土）

昨日来た道は駐車スペースがなく走りにくかったので今朝、別のルートに設定し直して走り出すが、こちらも小倉港に沿った道のため交通量が多く、しかも商業施設がないので、車を停めておく所がない。結局、途中から昨日来た道にコースを戻すが、やはり会社や商業施設が立ち並びものすごい交通量。コンビニを見つけてそこで待ち、距離や方向を伝える。

途中、バイパスがあり歩道があることを確認して走ったものの、途中から歩道がなくなり、車と走者は別の道に。歩道が車の道と並行して見えていれば、それほど不安ではないが、歩道が車の道からだいぶ離れて上ったり下ったり。そのうち車道が見えなくなり家並みの続く住宅地に出てしまい、バイパスの出口を聞き、そこを目指す。ランナーがやっとバイパスの出口まで行き会える。

初めから歩道のないバイパスとわかれば回避し別ルートにするが、途中からなくなるのはドライバーもランナーも本当にこわい。今日はそのあとにもあり、走っているよりそのヒヤヒヤ感で疲れる。午後からは海岸線のすぐ際を走り、お互いが見える走行なので楽になる。17時30分、宗像市江口「道の駅　むなかた」着。

「御宿はなわらび」で日帰り入浴。皆さんの笑顔、温かい対応、いいお風呂で疲れも忘れる。

🏃 54km（6189・4km）

127日目……9月28日（日）

昨夜泊まった「道の駅　むなかた」では、6時ごろから農家の人が野菜や果物を納品に来ている。車には台車が積んでありそれに荷を積んで中まで運んでいる。かなり多くの農家の人が納品に来ているが、おじいさん、おばあさんがほとんど。それぞれの農家がかなりの量を出しているが、大体売れてしまうようですごい。9時から開店だが、8時ごろには外にはもう長い列ができている。こんな道の駅も初めて。自分たちもいつも道の駅で野菜や果物など買うので買い物をしたかったが、残念だが開店を待たずに走り始める。

午前中は、大豆畑で草刈りをしているおじさんやハウスの中でいちごの苗を育てているおばあさんに会い話をする。このような道がいい。

途中、古賀市で買い物をする。このあたりから車も多くなり、福岡市に入るとさらに増える。片側3車線、大きな交差点では片側6車線になり運転だけでもドキドキ。ランナーが同じ方向に来てくれるか、それがもっとドキドキ。今までもそうだったが大都市は運転も走りも疲れる。ゆっくり走れる道がいい。18時15分、糸島市前原西着。

56㎞（6245・4㎞）

128日目……9月29日（月）

玄海灘を右に望みながら唐津街道を行く。北海道一周が終わって青森県大間に戻り、ずっと日本海側を南下してきたが、日本海は透明度があり、とてもきれいだった。今日は唐津湾に沿って走ったが、透明度が違う。

11時12分、佐賀県唐津市に入る。しばらく行くと車海老の養殖場があり、街並みには城下町の風情が残る。

日本三大松原のひとつ虹の松原は、4、5㌔にわたり道の両側に黒松が100万本。まっすぐに伸びた松ばかりではなく、横や斜めに曲がったり、なんとなく動物の形に似た松などあり芸術的だ。

今日は気温が32度あり、真夏のようだが、この虹の松原を通っている間は、日陰があり少し涼しい。唐津城を右手の小高い所に見ながら、4つの大橋で「しあわせの橋」のひとつ「名護屋大橋」と「外津大橋」を渡る。「道の駅　桃山天下市」を過ぎるとずっとアップダウン。浜野浦という所では棚田の風景。ちょうど夕陽が大きく見え、「いいね〜!」。18時00分、佐賀県東松浦郡玄海町大字石田「玄海海上温泉パレア」着。

58・4㎞(6303・8㎞)

129日目

9月30日(火)

今朝は小雨の中のスタート。すぐにアップダウンの始まり。今日もしばらくたくさんの棚田を見ながら行く。海岸は入り組んでいて、小さな島がいくつもある。道もS字のカーブが多い。棚田の近くでは、みかんや枇杷の木が陽当たりの良い斜面に植えられている。

肥前では、まだ稲が緑色。橋の壁面装飾の一部に焼き物の破片(伊万里焼か?)が使われている伊万里大橋を渡り、14時10分、長崎県松浦市に入る。右手前方には松浦発電所の煙突が見え今日のゴール。17時00分、長崎県松浦市志佐町庄野免「道の駅　松浦海のふるさと館」着。

47㎞(6350・8㎞)

130日目……10月1日（水）

今日から10月。「もう10月？･」という感じ。昨夜車を駐車した道の駅に、私たちとまるっきり同じキャンピングカーが停まっていた。話をすると南相馬市から来た山登りを楽しむご夫婦。原発事故の避難後、今は自宅に戻って生活されているとのこと。

道の駅から、九州電力松浦火力発電所の煙突、高い塀と鉄条網で覆われた広大な敷地を眼下に見ながら走る。目の前に平戸大橋。橋は渡らずに、佐世保市を目指す。途中、江迎湾《えむかい》を右下に見ながら、今まで上ってきた坂を下る。

朝、別れた南相馬市のご夫妻に「道の駅　昆虫の里たびら」で会い、江迎の坂を下っている時にも応援をいただく。長崎は坂の町。家々もかなり高い所まで階段状に建っている。ほとんど毎日アップダウンがあるので、坂を走るのは気にならないが、車と排気ガスの多さは気になる。ゴールは佐世保市中心地。17時10分、佐世保市松浦町着。

温浴施設と駐車場を確保するため、九十九島パールシーリゾートに行く。途中、米軍佐世保基地前を通るが、7、8隻の軍艦が見え、その大きさと数の多さに「オ～!!」。

🏃 50㎞（6400・8㎞）

131日目……10月2日（木）

昨日の交通量の多い中心街に戻りスタート。昨夜から雨になりスタート時も雨。その雨が一気に強くなる。駐車スペースもなく、たくさんの車が飛ばしているなかで、雨でランナーが見えにくい悪条件。午前中はずっと強い雨の中を走り、西海大橋を渡り、西海市に入る。みかん畑が多く、店先でもみかんを大袋で売っている。しばらく行くといくつもの小さな島。その景色もまたいい。海岸側に出るため、山越え。街中よりアップダウンはきつくなる。大瀬戸に向かう時や温浴施設で親切な温かい人たちにたくさん出会い、とても幸せな気持ちになる。16時55分、西海市大瀬戸町雪浦下郷着。

47・1km（6447・9km）

132日目……10月3日（金）

昨日の大雨とはうって変わり、朝から晴れて暑い。朝、海岸線に沿って行くと小さな島が5つ。その中の一番大きい島（池島）に白い物がたくさん見える。双眼鏡でよく見ると家である。地図で確認すると定期航路がある。あんなに小さな島に人が住んでいる！　想像するとちょいと行ってみたくなる。

スタートからアップダウンの始まり。午前中に「道の駅　夕陽が丘そとめ」

を設定して行くが、高い所にガードレールがあり車が走っているのが見える。ランナー（正子）はへっぴり腰になりながらとにかく急勾配を上って上って、上る。途中で見る下の景色は最高。切り立った山の斜面に家々、切り立った岩の斜面にキリスト教徒の墓地……。すべてが斜面に階段状に見えている。

午後からは長崎市の中心街に。一気に車線数が多くなり、街中は道幅が狭く路面電車も走る。歩道には人が大勢。車を停めておく所がない。こんな所は、ランナーもドライバーも緊張する。緊張の街中を抜け、またカーブの多い急勾配が続きゴールは茂木港。17時17分、長崎市茂木町着。

走 49・1㎞（6497㎞）

133日目……10月4日（土）

朝からアップダウン全開！　橘湾を右に見ながらアップダウンを繰り返す。遠くには普賢岳、島原半島の先が見える。海側も山側も斜面ばかり。海側の斜面には枇杷の木、山側の斜面には棚畑や家々が多い。台風の影響で風が強く朝のうちは日差しが強いので、この風が気持ち良かったが、昼近くには強くなり走るにも進めないほど。運転していても車体が揺れて怖い。

雲仙市に入り、走りを進めるとついに普賢岳、平成新山が目の前に。デカイ!!　通り沿いにある棚畑には、じゃがいも、人参が植えられている。特にじゃがいもが多い。長崎県のじゃがいもの生産量は全国第2位のよう。そして土が非常に赤い。噴火の影響か聞くと、そうではなくじゃがいものために水はけのよいこの赤い土を入れ換えたそうだ。それにしても赤い。

そんな棚畑を見ながら小浜町へ。温泉町とあって排水溝のあちらこちらから温かい湯気と匂いが……。ここで終わりにする。17時20分、雲仙市小浜町マリーナ着。

夜はかなり風が強くなり、車の中にいても揺れる。

134日目……10月5日（日）

🏃 50・5㎞（6547・5㎞）

今日は小浜町から島原半島をぐるっと南下し、布津町まで走る。台風18号の影響で朝から強風。途中で雨に降られるが、たいした降りではなかった。

スタートして後ろを振り返ると、普賢岳の前にある山の上は棚畑でびっしり。その後も山の斜面を切り崩してつくったどの斜面も棚畑。しばらく行った所でランナーを待ちながら海を見ていると、近所に住む早苗さんという方に声をかけられ、採ってきたばかりの貝を食べていくよう言われる。

スタートしてからトイレがなく困っていたので図々しくトイレを借り、「みなという貝（房州では上げ潮玉というのに似ている）をごちそうになる。まだ生きている貝がバケツからたくさん脱走しかかっている。昔、早苗さんは土石流に遭い、車ごと海に流されたとのこと。生命力が強く明るい早苗さんから生きるパワーをいただき、走りを再開する。

その後は風が強くなり、雨も降りだす。風もどんどん強まり、木の枝が折れ木の葉が舞っている。何度も飛ばされそうになる。今日の予定では深江町まで走るはずだったが、予定を変更して早めに終わる。目の前には昨日見た平成新山と普賢岳の裏側。昨日見た時よりさらに大きく迫力がある。16時40分、南島原市布津町丙着。

135日目……10月6日（月）

45・6km（6593・1km）

台風18号の影響で、昨晩は強風と普賢岳、平成新山の周り一帯が真っ黒な雲で覆われ不気味な感じだった。今朝は昨夜より風は収まったがまだ強い。昼ごろには風が弱まり、日差しも出てくる。

昨夜駐車した「道の駅　みずなし本陣ふかえ」では、普賢岳が噴火し、土石流で被災した家屋をそのまま保存している。そのすごさがわかる。

今日は島原湾、有明海に沿って走る。国見町あたりに来ると右側に熊本県が見え、走りを進めると前方に諫早湾干拓堤防が見える。昨日、おとといそして今日と島原半島を海岸線に沿って一周したわけで、普賢岳、平成新山をすべての角度から見られた。

今日はおととい通過した諫早市の有明海側で終わる。17時50分、諫早市栄田町着。

🏃 53・8㎞（6646・9㎞）

136日目………10月7日（火）

台風一過の秋晴れ。諫早市を有明海に沿って北上する。諫早湾干拓堤防と水門が昨日よりはっきり見える。佐賀県に入る手前の長井という地区では、スイカやメロン、イチゴ、みかんなど果物の形をしたバス停がみられる。

11時47分、佐賀県太良町に入る。9月29日に福岡県から佐賀県唐津市に入って長崎県を回り、今度は有明海側の佐賀県。二度目の佐賀県入りというわけだ。町には「月の引力が見える町」と書かれた看板がある。有明海は潮の干満の差が一番大きいことからそんなキャッチフレーズをつけたようだ。なるほど、潮が引いている時は見渡す限り干潟。その干潟に養殖のりの種付け用の棒が無数にあるのを見る。17時00分、佐賀県鹿島市大字高津原着。

137日目……10月8日（水）

48.2km（6695.1km）

有明海に沿って佐賀県鹿島市から福岡県大牟田市まで走る。前回は山口県下関市から福岡県北九州市へ入った。二度目の福岡県入りとなる。有明干拓地や筑紫平野の田んぼは、まだ稲刈り前が多い。

白石町は蓮田が多く、道沿いにも蓮を売る店があり、農家の庭先でも売っている。朝は非常に寒かったが、日中は暑い一日だった。17時50分、福岡県大牟田市大字甘木着。

高台の温浴施設から左に雲仙岳、右に経ヶ岳、手前に大牟田市の夜景を見る。皆既月食も見ることができた。

138日目……10月9日（木）

56.3km（6751.4km）

青い空にうっすらとオレンジ色の光、朝焼けがとてもきれい。走りはじめから日差しが強く、すごく暑い一日。9時45分、熊本県荒尾市に入る。町中を抜けると前に金峰山が見える。やはり大きい。熊本市に入ると交通量が増え、道幅も狭くなり、アップダウンも多くなる。山の上まで棚畑がつくられ、みかんの木が植えられている。沿道にもみかんを販売している店をよく見る。房州ではこの時期はまだ値段が高いが、こちらは大袋でとても安い。

昭次郎はおととい、風呂場で滑りバランスをとろうとして、腰を痛めた様子。本人「不死身の男」と言って走りは続けているが、いつもの走りはできず。18時10分、熊本県熊本市南区川口町着。

温浴施設、駐車場確保の移動で夕食は、21時半過ぎになる。

139日目……10月10日（金）

53・5㎞（6804・9㎞）

今日も朝から秋とは思えない強い日差し。それでも風があるのでちょっと助かる。昨日のゴール場所まで移動し走り始める。すぐに宇土市に入り宇土半島を南下する。右手には普賢岳。先週から見ていたが、こちら側からだと火砕流、土石流の跡がよくわかる。木のない土の山肌、流れの幅の広さからも噴火のすごさを感じる。

三角港から天草五橋の一番目の橋を渡り、上天草市に渡る。狭い道を上り下りしながら二番目、三番目の橋を渡る。一番目の橋は水面からかなり高いところに架かっている上に歩道が狭いため恐怖。ほとんどの橋は足下から下が見えるので、ゾーッとしてしまう。四番目あたりから小さな島が見えだし、五番目の松島橋を渡っている時は絶景。日本松島三景の一つとのこと。この松島橋を渡り少ししてゴール。17時22分、上天草市松島町合津着。

46・4㎞（6851・3㎞）

140日目……10月11日（土）

大型の台風19号は明日、あさってにかけ九州南西部を通過とのこと。スタートしてすぐに上天草市の防災広報が流れ、注意を呼びかけている。昨日渡って来た天草五橋は強風の時は通行止めになるので、できれば早い時間に渡り、宇土半島の八代海側に戻ることを目指す。

今回のマラソン日本一周では、半島は回るが島は基本的には行かない予定。ただこれまで佐渡島一周、今回の天草諸島は大きいので渡ったが、天草諸島は上島から下島へ。下島の天草市役所まで走り、Uターンする。

昨日、天草諸島に行くための分岐点までは車で戻り、そこから八代海に沿った不知火《しらぬい》町の「道の駅　不知火」まで再スタート。とりあえず通行止めにはならずに五橋を渡れ、分岐点まで戻るが渋滞で予想外に時間がかかる。再スタートした時にはすでに風も強くなり、日没まで時間がないのでペースも上がる。こんな時にまたアップダウン。しかも向かい風。周りも暗くなりゴール。18時20分、宇城市不知火町永尾「道の駅　不知火」着。

この道の駅には温泉がついているので、風呂の心配がなくてよかった。

🏃 52・5㎞（6903・8㎞）

141日目……10月12日（日）

速度が遅い今回の台風。嵐の前の静けさか、雨も風もまだない。朝雨が少し降ったが、すぐに止む。不知火町では、今日の午後から8カ所の避難所を設けたので、早目の避難をするよう何度も呼びかけている。その後、八代市に入った時に風が吹き始め、「いよいよ来たかー！」と思いきや大風にならず。

その後も一日、台風の影響はなく、予定通りに進む。昭次郎の腰は大分回復し、車の乗り降りが少し大変そうだが走りはいつもの走りに戻りつつある。17時20分、葦北郡芦北町大字小田浦「道の駅　たのうら」着。

🏃 54・2㎞（6958㎞）

142日目……10月13日（月）

今回の台風19号、8時半ごろ鹿児島県枕崎市に上陸とのこと。今日は、初の丸々一日の休養日。いつもゆっくり入れない風呂に朝からゆっくり入り、あちこち痛いところの休養だ〜、と思っていたら、道の駅や周りの温浴施設も、なんと台風のため臨時休業。昼ごろから西の方が少し明るくなりかけ、走り出すタイミングをみていた主人から「走るぞ」の声。今日は休養日だって言ったのに！

それにまた、いつ降りだすかもしれないし風も強い。広報車も外出は控えるように言っている。まさかの急展開！　結局14時、小雨のなかスタート。その後、雨はそれほど強い降りはなかったが、時々突風が吹き荒れるなかでの走り。無事に「道の駅　みなまた」に到着！　ホッ!!　17時30分、水俣市汐見町「道の駅　みなまた」着。

このあたりの温浴施設は営業中だったため入れる。

走 27・6㎞（6985・6㎞）

143日目……10月14日（火）

昨日までの台風の影響で、風はまだ吹いていたが、晴天。昨夜は、おととい「道

の駅　不知火」で会った自称「世捨て人さん」と、駐車した道の駅で再会。昨夜は気がつかなかったが、今朝声をかけられビックリ！　そこに自転車で日本一周25回目という噂の男性「ミスターXさん」が会話に乱入。ミスターXさんは、これからしばらくソラマメもぎのアルバイトや農家の手伝いをしながら旅をするとのこと。今日は北海道から友だちが来るそうだ。走っていると自転車で日本一周をしている人にたくさん出会う。しかし25回目というのは……???

自転車には募金呼び掛けのプラカードと募金箱もついていた。道の駅には、色々な人が集まって面白い。

9時27分、鹿児島県出水市に入る。午後から寄った「道の駅　あくね」では、ビッグサイズのみな（貝）を見てまたビックリ。先日、早苗おばちゃんにいただいたみなの10倍くらいはある（あの時のはかなり小さかったが）。今日もアップダウンを繰り返し終わる。17時24分、鹿児島県薩摩川内市上川内町着。

144日目……10月15日（水）

🏃 54・2㎞（7039・8㎞）

朝、一気に冷え込み寒かったが、日中は爽やかな陽気。走るとやはり暑い。今日は「道の駅　きんぽう木花館」を目指す。途中、いちき串木野市在住の昭次郎の旧友を44年ぶりに訪ねる。突然の訪問だったが、昔話や最近の様子などを話し、お互い元気でいたことを喜び合っていた。

その後、日置市の田園を通るが、このあたりは超早場米（金峰コシヒカリ）を作っていて、2度目の稲の穂が垂れ黄金色に染まっている。一瞬、稲刈りがまだすんでいないかと思ってしまうほど。上り下りを繰り返し目の前に金峯山。そしてゴール。17時40分、南さつま市金峰町池辺「道の駅　きんぽう木花館」着。

145日目

57・7㎞（7097・5㎞）

……10月16日（木）

東に金峯山、南西に野間岳を見ながら走り出す。野間岳は富士山を細くしたような山。山に囲まれながら走る。このあたりは、さつまいも畑が多く、掘り起こされたたくさんの大きないもが、大きなネットかごに入って畑に置かれている。

その後、東シナ海に沿って野間半島を回り枕崎市へ。海岸線に沿っての山越え。狭い道の急カーブ、急勾配のアップダウンが枕崎市までずっと続く。山越えをしているときに見下ろす海の景色は久しぶり。静かでとてもきれい。佐渡島にどこか似ているところがある。

秋目という所で、宅配業者の方が私たちが走っているのを見たらしい。枕崎市でまだ私たちが走っているのを見て、声をかけてくださる。こちらは好きでやっているだけなのに、「大変だろう」の優しい言葉かけ（鹿児島弁でそのように言ったと思われる）。人がほとんど通らないきつい山道でのことで、胸にじーんとくる。しばらく行くと広い茶畑。春だけでなく秋の収穫か？　大型の機械で刈り取っている様子。

きつい勾配のアップダウンを繰り返し見えてきたのは薩摩富士と呼ばれる開聞岳。本当に富士山に形がよく似ている。17時48分、枕崎市汐見町着。

146日目……10月17日（金）

53・5㎞（7151㎞）

走り出してすぐに鹿児島市の進学校、甲南高校の「薩摩半島縦走大会」に出会う。今朝、鹿児島市から大型バスで枕崎の神の谷公園に来て、そこからのスタート。私たちが出会ったのはスタートから1・5㌔付近。40㌔走で2カ所の給水ポイント、全学年参加とのこと。すでに歩いている生徒もいる。荷物は人それぞれで、何も持たない生徒、ペットボトル1本だけを持っている生徒、ウエストポーチまたはリュックを背負っている生徒と皆バラバラ。

10㌔手前でかなりの生徒が歩いていた。彼らに刺激されてこちらも楽しく走ってしまう。11㌔の所で分かれ、私たちは薩摩半島沿いに指宿市を目指す。正面には開聞岳、左前には大野岳を見ながら行く。

しだいに開聞岳が目の前にくると迫力あり。両側にヤシの木、広大なさつまいも、さやえんどう、そらまめなどの畑が続く。さやえんどうは、つるが巻きやすいように、丸太の棒とネットでつくられている。そらまめはもう花をつけていた。

房州で12月ごろ目にする「鹿児島産」という物だろうか？　芋焼酎の本場ということもあり、さつまいも畑は、本当に多く沿道でさつまいもを売る店も多い。16時20分、指宿市小牧「道の駅　いぶすき」着。

147日目……10月18日（土）

🏃 52・5㎞（7203・5㎞）

「道の駅　いぶすき」をスタートし、鹿児島湾に沿って走る。喜入を過ぎたころから桜島が見えだす。走りを進めると桜島がどんどん大きくなり、午後からは噴火のすさまじさがはっきりわかる。

鹿児島市に入り市の中心街へ。車線数、交通量が一気に増え、駐車スペースがなく本当に車も人も走りにくい。午後から分岐点を間違え、一時間くらいお互いを探しあいやっと会える。見つからない怖さと会えた時の安心感。ドッキドッキ!!

桜島は上半分山肌を出し、下半分は緑でどーんとそびえ立つ。そして今も噴煙を上げている。

その後も、狭く車の多い道が続き島津藩のお屋敷前を通る。分岐点を間違えるハプニングでタイムロスがあり予定の所までは届かず手前で終わる。18時05分、姶良《あいら》市平松着。

148日目……10月19日（日）

🏃 54・7㎞（7258・2㎞）

鹿児島湾を姶良市から北上し、ぐるりと回って大隅半島の西側を南下する。霧島市隼人地区あたりを走っている時に、岩山を崩し岩壁と石などに龍が大きく描かれ、広い敷地にはたくさんの酢醸造のカメつぼがあるのを見る。その龍の迫力に走りが止まってしまう。

ちょうどそこにいた酢醸造会社の奥さまに話を聞くことができ、カメつぼの中まで見せていただいた。1年間野外に置き、自然発酵・熟成させたのち、大きいカメつぼに移し、さらに2、3年寝かせるとのこと。カメつぼのふたを開けなくても、風と一緒に酢の香りがしてくる。話を聞くことができたうえに黒酢のドリンク2本までいただく。これは走りの途中でエネルギー補給として飲ませていただいた。飲みやすくなっている。

その後も黒酢醸造の会社、カメつぼをいくつも見る。垂水市に入ると歩道に火山灰があるのを見かけるようになり、「道の駅　たるみず」以降は、かなりの灰の量。歩道、家々、車、木、すべての物に灰が降っていてグレー一色という感じ。家々の前には、ビニール袋に入った灰がたくさん積まれてある。

今日は昨日見た桜島の裏側をずっと見てきたが、噴火口がよく見え、走りを進めるとそれは徐々に大きくなり、目の前に迫ってきた時は恐ろしかった。坂を下り遠くに見えたのは、対岸の薩摩半島の開聞岳。2、3日前のことなのに懐かしい。こちらから見てもやっぱり美しい。17時47分、垂水市田神着。

149日目……10月20日（月）

57・7km（7315・9km）

昨日に続き、大隅半島西側を南下。垂水市から佐多岬手前を目指す。朝から暑く午後からはさらに暑くなる。今朝は、昨日おとといより黒っぽい噴煙をあげる桜島を後ろに、右手遠くにうっすらと薩摩半島、開聞岳を見ながら行く。

車道と歩道がはっきりしていて、交通量も多くないので走りやすい。走りを進めると、どんどん開聞岳が近くになり、「道の駅　根占《ねじめ》」から見る鹿児島湾、薩摩半島、開聞岳の大パノラマ。色はなく墨絵のよう。その後もこの墨絵のような大パノラマは最後まで続く。

北海道一周が終わり、日本海側を走った時に、夕日が海に沈むのを数回しか見られなかったが、今日は真っ赤な夕日が海に沈む瞬間を見る。昭次郎は10月7日に風呂場で滑り腰を痛めたものの、2、3日後からはいつもの走りに戻り毎日走り続けていたが、今日は痛みが再発、かなり痛そうだった。17時50分、肝属郡南大隅町佐多伊座敷着。

150日目……10月21日（火）

56・6㎞（7372・5㎞）

昨日は佐多岬手前でゴール。いつもは岬を回るが、地元の人の情報で土砂崩れがあり通行止めとのことで、昨夜のうちに「道の駅　きんこう・にしきの里」に戻り、今朝はそこからのスタート。スタートとともに山越え。木々の間から朝日が気持ち良い。車がほとんど通らないのでこれまた静かでいい。

上り下りはスーパー級。田代地区では茶畑が多い。途中、カボチャを一つひとつ新聞紙に包んで育てているのを見る。日焼けを防ぐためとのこと。無人販売所で生落花生を買う。無人販売所での掘り出しものが毎日楽しみになっている。いつもぬか漬け用の野菜や果物でお世話になる。生落花生は塩ゆでして夕食に。懐かしい千葉の味!!

きつい山越えが下りになって見えたのは、真っ青な海と空。境がまったくなく、空を飛んでいるような感じ。太平洋側にやっと出る。その後も急勾配の上り下りは続き、内之浦ロケットセンター前を通り、ゴールの温浴施設までいくつもの橋を渡る。

それらの橋の両端がロケットや惑星の形になっている。そしてゴールの温浴施設にもロケットと「はやぶさ」のモニュメントが……。さすが宇宙空間観測所のある町。16時48分、肝属郡肝付町南方着。

45.4㎞(7417.9㎞)

151日目……10月22日(水)

昨夜から朝まで雨がかなり降る。スタートの時には止むがかなりむし暑い。雨上がりのため、ミミズがあちこちにすごい量。昨日から見かけたが、40センチくらいあり、長い物は50㌢《チセンチ》も。色も青緑、青紫のグロテスクな色で気持ち悪い。

途中、自生の千成瓜《ハヤトウリ》を見つけ、漬物用にありがたくいただく。内之浦湾、志布志湾に沿って走る。右手に広大な国家石油備蓄基地を見る。志布志市に入り進んで行くと、朝、遠くに見えた亜熱帯植物群落枇榔島が近くに見える。

15時56分、宮崎県串間市に入る。今日も一日上り下りで終わる。17時44分、宮崎県串間市大字本城着。

57・4㎞（7475・3㎞）

152日目……10月23日（木）

昨夜の本城から国道448号で、今日もきつい山越え、日南海岸側に出る。おとといから檜扇《ヒオウギ》という檜を山や森で多く見かける。都井という地区ではこの檜扇という木が有名らしい。細いS字の道を抜け海岸線へ。今まで通って来た静かな湾とは違う。恋ケ浦にはたくさんのサーファー。

右手に野生猿のアイランド幸島。そして少し行くと築島。この築島には家も何軒かあったので人が住んでいるのだろう。そして夫婦浦。串間市の都井岬～夫婦浦の海岸線の道を「R448ハッピーロード」と呼ぶそうだ。4＋4＝8、4（し）あわせで8。8は横に書くと∞で「しあわせが無限大」の意。恋ケ浦、幸島、築島、夫婦浦と「幸せ」を想わせる地名がついているとのこと。
「日南かんぽの湯」で日帰り入浴、木曜日は通常６００円のところ３５０円とでラッキー！ 16時38分、日南市大字量倉着。

46・4㎞（7521・7㎞）

153日目……10月24日（金）

昨日に続き日向灘、日南海岸を走る。朝から日差しが眩しく暑い。真っ青な海と白い波。勢いのある波の音。たくさんのサーファーがいる。ひとりのサーファーから新生姜をいただき、夕食にみそをつけて食べる。取りたてなので、やわらかく美味。

ヤシの木やデイゴ、その他熱帯植物と長い海岸線が続く。鬼の洗濯板といわれる青島海岸。青島海岸ほどではないが洗濯板そっくりの千畳敷。

見事な自然の奇形波蝕痕が続く。長い海岸線は観光地だが、どこまで行っても公衆トイレがなく大変困った。やっと見つけたレストランで借りる。

ゴールは、宮崎市街地。すぐ上空を飛行機が飛ぶ。17時10分、宮崎市阿波岐原町着。

53・8㎞（7575・5㎞）

154日目……10月25日（土）

3、4日前までは周りじゅうに高い山、深い谷、切り立つ山、そして海岸線という景色だったが、今日はまるっきり変わり高い山もない、田畑や酪農家のある平坦な道を行く。遠くにうっすらと高い山が見える。高鍋町、川南町には茶畑が多く見られる。

今日は上り下りがないのかと思いきや、この川南町あたりからまた上りが始まる。そして朝遠くに見えていた山がはっきりと大きくなる。今朝、ゴール場所として打ち込んでおいた「道の駅　日向」が、トンネルができたために実際には距離が約5キロ短くなり（こんなことは初めて）、予定より早く終わりラッキー！　道の駅には温泉もあるので、今日は移動なしでありがたい。16時45分、日向市大字幸脇「道の駅　日向」着。

55・2km（7630・7km）

155日目……10月26日（日）

先日の「道の駅　水俣」で出会った、自転車で日本一周25回目のおじさんとまた昨夜の道の駅で一緒になる。昨夜は、すでに自前のテントの中にいたらしくわからなかったが、今朝周りに人が数人いて気づく。5日間何も食べていないと話していたようだ。何人かに差し入れしてもらったようで、食べ物が傍らにある。その後、私たちが走っているのを自転車で追い越していくが、こぎかたも気合が入っていて、上り坂もどんどん走って行ってすぐに見えなくなる。自転車の後ろには大荷物、両脇にはたくさんのビニール袋をぶら下げながら……。

延岡市から海岸側に出るために、北浦町に向かう。周りの景色も山が高くなり、急勾配の上り下りが始まる。トンネルをいくつか越えたが、そのなかの一つは、照明が入口と出口にあるだけで真ん中が真っ暗。足下と周りがまるっきり見えず、壁づたいに行くが、本当に怖い。

北海道のトンネルのことを思い出す。また漢字は違うが亡くなった母と同じ名前の町名があり、母を思い出す。今回のマラソン日本一周では、所々で母を思い辛くなる。16時40分、延岡市北浦古江「道の駅　北浦」着。

156日目……10月27日（月）

49・6㎞（7680・3㎞）

「道の駅　北浦」から海岸線に沿って走る。スタート時からアップダウン全開。右に断崖絶壁の海、左は落石注意の岩山を見ながら、かなり細いS字の道を行く。まさにつづら折り。

10時20分、大分県佐伯市に入る。山道を降りた所で、炭焼きをしているご夫婦に会う。昭次郎が日本一周をしていることを話すと、おじいさんが「それって大変でしょう。親に仕送りしてもらっているのかい?」と言われ目が点になり倒れそうになる。親の仕送り? そんなに若く見られたのか? まんざらでもないと昭次郎!?

その後、いかだ釣り用のいかだがいくつも浮いているのを見る。そのあたりの水はとてもきれい。今日もいくつものトンネルを抜け、午後からも急勾配の上り下りは続く。今日は温浴施設まで片道15キロを覚悟していたが、ゴール近くで見つけたビジネスホテル。気のいいご主人が、日帰り入浴は通常していないところを、お風呂と駐車場を貸してくださる。本当にありがたい。おかげさまでサッパリ。18時10分、大分県佐伯市春日町着。

🏃 56・3㎞(7736・6㎞)

「走りお遍路」で四国八十八ヶ所霊場巡り

157日目……10月28日（火）

今日も快晴。今日は上浦町から臼杵市まで走り、そこからフェリーで四国へ上陸する。当初の予定では、佐賀関半島まで行き、そこから愛媛県佐田岬半島に渡る予定だったが、夕方にそこまで走っても温浴施設がないので、手前の臼杵市から愛媛県八幡浜市に渡り四国の風呂に入ろうと昨夜、決める。

上浦町の海を見ながら津久見市へ。石灰質の多い山なのだろうか？　いくつもの山が削られている。町にはセメント工場や石灰石砕石場、削った土を運ぶためのパイプか？　太く長いパイプが高い所につくられている。緑の多い山では、段々畑にみかんの木。道端でも津久見みかんと書かれ売っている。

13時43分、臼杵市大字板知屋、臼杵港フェリーターミナル着。

14時40分、フェリーに乗船。17時10分、愛媛県八幡浜市に上陸。四国は、海岸線を走るのではなく八十八ヶ所巡りをするつもりだ。明日からが楽しみ。

四国一周が終わったら、走り残した大分県の北東部を走る予定。明日からにわかお遍路さん。17時10分、八幡浜市フェリーターミナル「道の駅　八幡浜みなっと」着。

🏃 31・8㎞（7768・4㎞）

158日目……10月29日（水）

いよいよ今日から、四国八十八ヶ所巡りスタート。反時計回りで行くことにする。本来1番札所からやれば良いのだろうが、逆打《さかうち》をするとお大師さまに会えるかもしれないとも言われている。

八幡浜港の周りは山に囲まれ、みかんの段々畑や家、墓地もかなり上まである。「道の駅　八幡浜みなっと」からのスタート。一番近い43番札所、明石寺から。札所にお参りした証として、各札所の納経所で墨書・朱印をいただく納経帳を購入。お参りのあと墨書、朱印をいただく。何と書いてあるか、まるっきりわからないが、うっとりする書体。お寺の方はスラスラ～と書いてしまう。

2番目は42番札所の仏木寺。急勾配のS字の上り下りがかなり長く続く。途中、何人かのお遍路さんに会うが、皆さんかなりお疲れの様子。今年は御開創1200年ということで、各お寺で記念のお札もいただく。

最後に41番札所の龍光寺。山門から本堂まで長い石段。八十八ヶ所の巡礼も体力がないと大変。一人で歩いているお遍路さんは心も強いんだろうなあ〜！

17時04分、宇和島市弁天町「道の駅　みなとオアシスうわじま・きさいや広場」着。

🏃 46・7㎞（7815・1㎞）

159日目……10月30日（木）

昨日から始まった四国巡礼。見ると海岸線側にけっこうあるので、私たちの日本一周のコースと大差なさそうなので安心。走り出してすぐに団体で歩いているお遍路さんたちに会う。まだ朝のせいか元気に歩いている。

しばらく走ると青果屋さんの前を通る。市場から仕入れてきたばかりの大きな段ボール箱が店先にたくさん並んでいる。いい品がそろっているので、足が止まってしまいたくさん買ってしまう。かなりのおまけまでいただく。青果も魚もこの店のお兄さんのように「活きがいい」のがいい。午前中ここでかなりの道草。

今日の札所、40番札所・観自在寺へは午後からになる。ここで外国人のお遍路さんを見かける。たどたどしい日本語だが読経をし、私たちよりきちんとしたお参り作法をしている。お参り後、墨書、朱印をいただいたが、今日も見事な毛筆さばき。ほれぼれしてしまう。

今日も何人ものお遍路さんに会ったが、午後から会う方々は疲れも出てくるせいか、あまり元気がない。若者もべったり座り込んで、首をうなだれていた。

17時20分、南宇和郡愛南町増田着。

🚶 51・1km（7866・2km）

160日目……10月31日（金）

今朝の天気予報では、午後あたりから雨とのこと。すでに降りだしそうななかスタート。昨日のゴールが高知県との県境に近かったため、8時50分、高知県宿毛市に入る。今日は39番札所の延光寺。山門を入ると、静寂の中に落ち着きを感じる。お寺のこの空気が何ともいい。

予報通り午後から雨になり雨風がかなり強まる。まるで台風のよう。しかも午後からはずっと峠越え。夕方は大風雨で周りも足下も見えないなか、車のライトだけを頼りに目的地の温浴施設まで走る。何もなかったから良かったが、怖かった。さすがにこんな時はほとんどお遍路さんも歩いていないが、夕方のあの雨風のなか、1人歩いている人を見かける。さっき自分たちが通り越してきた宿に泊まるのだろうか？　無事に着かれることを祈る。18時05分、高知県土佐清水市大岐着。

🏃 58・5㎞（7924・7㎞）

161日目……11月1日（土）

昨日の午後から降りだした雨、今朝も止まずまだ強く降っている。しかも風も強い。そんななかスタートする(正子は、少し様子を見ればいいのに……と思ってしまう)。

今日は四国最南端の岬、足摺岬にある38番札所・金剛福寺まで走る。昨夜は峠の途中の1軒しかない温泉がゴールだったが、その先の「道の駅 めじかの里土佐清水」に駐車したので、約10キロ戻りそこから走り始める。最初の交代ですでにずぶ濡れ。

足摺岬5キロぐらい手前で、寺の方から歩いて来るお遍路さんに会う。元気な若者でハーフパンツでサッサと歩いている。その後、1人で歩いているお遍路さん3人にも会うが、雨のなか皆さん元気で、とても気持ちよくあいさつしてくださった。寺までの細く長い参道は両側の木で覆われ、なんとも言えずいい雰囲気。寺の前に土産屋と民宿がある。

さっき出会ったお遍路さんたちは、昨夜この宿に泊まり金剛福寺に参拝、次の目的地に向け歩いていたのかもしれない。金剛福寺に向かって歩いている人はいなかったが寺の駐車場はいっぱいで、参拝者がかなりいた。寺内には、頭をなでると願いがかなう「大師亀」がある。

帰りは同じ道のため、分岐点まで車で移動、四万十川を横に見ながら戻る。分岐点から先は温浴施設がなくなるため、温浴施設のあるここで今日は早めに終わる。冷えた体に温かい湯がうれしい。15時00分、四万十市古津賀着。

162日目 ……… 11月2日（日）

23・6㎞（7948・3㎞）

おととい、昨日と降り続いた雨は止んだが、今にも降り出しそうな空模様。土佐湾の海岸線に沿って走る。「道の駅　ビオスおおがた」を過ぎ、入野、浮鞭《うきぶち》あたりの海岸にはサーファーが多い。そして右手後方には、昨日行った足摺半島、足摺岬が白く見える。

少し行くと塩づくりのビニールハウスがある。ハウスの中には木の箱がたくさん並べられ、その中に海水が入っている。海水を自然蒸発させているのだろう。いくつかのトンネル越えとアップダウンを繰り返し、山からの流れ落ちる水の音を聞きながら37番札所・岩本寺に到着。歴史の古そうなお寺。16時45分、高岡郡四万十町平串「道の駅　あぐり窪川」着。

47・7km（7996km）

163日目……11月3日（月）

久しぶりの快晴。やはり天気がいいと気持ちいい。スタートしてしばらくすると広大な生姜畑。確かに高知産の生姜は有名だ。しばらく生姜畑を見る。須崎市あたりからアップダウンが始まり、ずっと続く。

傾斜地には家や日当たりを利用した段々畑。段々畑にはみかんやびわの木が多い。周りは山が連なり、かなり深い谷底をつくっている。川の水が本当にきれい。このあたりは、日本最後の清流と言われる四万十川の源流だろう。

今日は、土佐市にある36番札所・青龍寺を目指すが、納経時間（納経時間は7時～17時）ギリギリになりそうなので、朝、早めにスタートする。いつものように途中での買い物を大急ぎですませて走り続けるが、上り下りはさらに急になる。上るにつれ、眼下に見える土佐湾、上って来た山（道）の景色は絶景。ナビ通りの青龍寺入口に来たら通行止め。17時まで時間がない。さらに4キロぐらい走り、別の青龍寺入口の標識の所まで走る。残り700メートルの所で17時を知らせる町の音楽が鳴る。17時02分、土佐市宇佐町竜着。

青龍寺入口の隣にある温泉宿で、今日のアップダウンの疲れを取る。明日、朝一の参拝が楽しみ！

54・4㎞（8050・4㎞）

164日目……11月4日（火）

昨日行けなかった青龍寺に、朝一で巡拝。参道には「阿波の国二十三ヶ所発心道場」と書かれた立て札。それぞれのお言葉とお地蔵様が立っている。山門を抜けると本堂まで170段の長い石段。しかも1段1段が高いので、朝から腿上げ練習。その後13キロぐらい離れた35番札所・清滝寺まで走る。山門までの約1キロの参道はタイヤが滑ってしまうぐらいのすごい急勾配の上りで、車1台がやっと通れる狭さ。ランナーは、息はキレるし脚もパンパン。

その後、34番札所・種間寺《たねまじ》、33番札所・雪蹊寺に向かう。キュウリのハウスや野菜畑、花のハウスなどの前を通る。次に32番札所・禅師峰寺《ぜんじぶじ》まで、黒潮ラインの海岸線を行く。岩や波消しブロックに当たる波の音がすごい。寺に向かう途中、右手前方に室戸岬が見える。最後に31番札所・竹林寺。禅師峰寺も竹林寺も車1台がやっと通れる狭さ。そして両方のお寺、これまたすごい急坂の上り。竹林寺は参道がかなり長くすでに暗くなっていたので、一つめの下の駐車場までで走りを終え参拝は明日にする。急勾配の坂を上り、やっとたどり着いたどのお寺も上から見る景色はみな美しい。17時40分、高知市吸江着。

🏃 46・2㎞（8096・6㎞）

165日目……11月5日（水）

昨日、下の駐車場までで走り終わりにした竹林寺。今朝はその駐車場から上まで走り巡拝。今朝はかなり冷えていたが、お寺の凛とした空気が心地良い緊張感をもたらす。本堂までの参道は苔とまだ色づかないもみじで、落ち着いた名勝の庭園。ご本尊・文殊菩薩の50年に一度のご開帳の年。また今年はご開創1200年ということもあり、多彩な記念事業があるようだ。

竹林寺からしばらく走り、同じ高知市にある30番札所・善楽寺に向かう。副住職が描かれたという絵手紙があったが、何とも温かい絵で、気持ちがホッとする。高知市から南国市へ走り、29番札所・国分寺へ。庭木がとてもきれいに手入れされ、落ち着いた雰囲気。枝垂れ桜の木や小さな花びらの桜の木があり、その桜が清楚に控えめに咲いていた。可憐でとても愛らしい。

次に向かったのは香南市にある28番札所・大日寺。向かっている途中、シンビジュームのハウス栽培を多く見る。着いた大日寺は山門、水屋、鐘楼、本堂、大師堂、納経所がコンパクトにそろっているお寺だ。16時54分、香南市夜須町千切「道の駅　やす」着。

36・2㎞（8132・8㎞）

166日目……11月6日（木）

昨夜はかなりの雨になり、今朝は止んだが今にも降り出しそうななか走り出す。今日は安芸郡安田町にある27番札所・神峯寺《こうのみねじ》を目指す。朝は天気が悪かったので、足摺岬の方が白く墨絵のよう。水晶文旦や茄子のハウスを多く見ながら走る。

その後、国道から4キロくらい山の中に入る。道幅は徐々に狭くなり、上り坂もかなりの急坂になりつづら折り。車もローギアに入れてもキィキィーというすごい音と白煙で、後ろに下がってしまう。後ろには車が2台、対向車も1台。本当に怖かった。「修行の道場・土佐の国」の中でも、難所中の難所とされてきたとのこと。太平洋を一望できる緑豊かな神峯山。寺は長い石段を上り、その頂上にあった。庭園もきれいに手入れされ、美しい。

その後走り始めると、今朝見えていた室戸岬が近づいてくる。そして遥か彼方にはうっすらと足摺岬。大きな土佐湾、太平洋を見ながらゴール。17時00分、室戸市吉良川町「道の駅　キラメッセ室戸」着。
54・4㎞（8187・2㎞）

167日目……11月7日（金）

今日は、室戸市にある3寺を巡る。26番札所・金剛頂寺《こんごうちょうじ》。山門には仁王様ではなく大わらじ。以前、佐渡島でも集落の両端に飾る大わらじを見た。大きいわらじを履く大男がその村にいるということで、悪人除け、魔除け、厄除けを意味したのと同じなのだろう。

次に向かった25番札所・津照寺《しんしょうじ》。室津港を見下ろす小高い山の上にある。本尊の延命地蔵菩薩はいぼ取り地蔵として信仰されている。そして太平洋を見ながら南下し、室戸岬の周辺にある24番札所・最御崎寺《ほつみさきじ》まで走る。

国道から新しくできた山道を上まで走るのだが、室戸の街並みと太平洋が一望。本堂の脇に「食わず芋」という里芋によく似たものが植えられている。弘法大師が巡礼中、芋を洗っている人に乞うたが「この芋は食わず芋」だと言って食べさせなかったそうだ。それ以来、その芋は食べられなくなり、現在は胃腸の妙薬として使われているとのこと。最御崎寺からの長い急坂を下り室戸岬を廻る。今までより風が強く冷たい。少し行くと洞窟。弘法大師が修行をしたところだそうだ。
海からの風が強いので、各々の家の周りは高いコンクリート塀で覆われている。大きな太平洋と打ちつける波を見ながらの走り。17時28分、徳島県海陽町に入る。周りはすでに暗い。17時41分、徳島県海部郡海陽町久保板取「道の駅　宍喰温泉」着。

🏃57・5㎞（8244・7㎞）

168日目 ………11月8日（土）

今までは海岸線を走る時は、だいたい海が西側にあったので、日の入りを見てきたが、今日は反対に海は東側。朝焼け、日の出を見る。空がオレンジ色になり大きな太陽が出始め、みるみるうちに高く昇る。今朝は海陽町から牟岐《むぎ》町の海岸線を行く。天気が良いせいもあり、海が青くきれい。
牟岐町の途中から山越え。長いアップダウンが続く。美波町にある23番札所・薬王寺を目指す。33段の女厄除け坂、42段の男厄除け坂を上り、寺内では立派な大楠3本を見る。その後もアップダウンはゴールまで続く。山では黄色に色づき始めた葉をちらほら見かける。17時02分、那賀郡那賀町朝生着。

🏃51㎞（8295・7㎞）

169日目……11月9日（日）

朝から雨。カッパを着たり傘をさしたりしながら走るが、風がないので傘の方がちょうど良い。周りの高い山には霧が流れ、深い谷、山から流れ落ちる川。そしてポツンポツンとある民家。この風景が何とも良い。

山から降りた所の青果店でみかんと野菜を買う。店のご主人から「日本一周頑張るように」と、買ったみかんの何倍もの量のみかんと柿をいただく。みかんはご主人の家のみかんとのこと。本当にありがたい。

雨のなか、22番札所・平等寺まで走る。寺に着く少し前から雨が強くなり、参拝時には本降りになる。その後、同じ阿南市にある21番札所・太龍寺に向かうが、途中まで行くと土砂崩れで通行止めとある。仕方なく今来た道を途中まで引き返し、迂回路で太龍寺山の太龍寺へ向かう。

大きい車は道が狭いため入れないとのことだったので、山の下に車を置き、狭くかなり険しい山道を往復10㌔、2人で走る。午後3時を過ぎ霧が濃くなってきたので、反射タスキとライトを持ちながら走る。なるほど本当にかなり狭いし険しい上り。我が家の重い車ではこの急坂は上れない。ほとんどのお遍路さんはロープウェイを使うそうだ。

心臓バクバク、脚パンパン。あまりの苦しさに歩いてしまうが、帰りが暗くならないうちに山を下りなければという一心で、とにかく走ったり歩いたりを続ける。やっと着いたお寺は薄く霧がかかり、その中に灯明が光る。何とも幻想的。参拝を終え一気に下る。暗くならないうちに戻ることができ、ひと安心。16時30分、阿南市加茂町着。

夜の駐車場と温浴施設は「道の駅　鷲の里」。昼間通った所。今日は同じ道を行ったり来たりで終わる。

36・7㎞（8332・4㎞）

170日目

11月10日（月）

今日は20番札所・鶴林寺から巡拝。昨日の太龍寺と同じで、かなり狭い鶴峠の上り坂をずっと上る。しかし昨日とは違い、山門の手前の駐車場まで車で行くことができる。ランナーは、ただひたすら上り、ヘロヘロ。かなりきつい。

次に向かったのは、小松島市にある19番札所・立江寺《たつえじ》、18番札所・恩山寺。両寺とも町中にある小さめのお寺。

小松島市から徳島市まで大きな混んでいる通りを走る。久しぶりの都会。狭い商店街を抜け、徳島市国府町にある17番札所・井戸寺まで走る。弘法大師が四国巡礼ご開創時、この付近の水が濁水であることをあわれみ、一夜にして井戸を掘り清水に変え、それ以来、寺号を「井戸寺」としたとのこと。寺には井戸があり、井戸の中に向かって自分の名前を言い、願い事をすると良いといわれる。

17時まであと1時間くらいあったので、同じ町にある16番札所・観音寺まで急ぐ。井戸寺から観音寺まで狭い道が続く。観音寺には、団体の巡礼者が皆でお経を唱えていた。16時40分、徳島市国府町観音寺着。

171日目 ……… 11月11日（火）

44・8㎞（8377・2㎞）

昨日最後に参拝した観音寺から近距離にある15番札所・国分寺と14番札所・常楽寺、少し離れた13番札所・大日寺を巡拝する。国分寺は本堂の彫り物、屋根の鬼瓦が立派。常楽寺の本堂までの石段は大きさも形も不ぞろいで、自然に近い形がいい。その後大日寺。そこから約24キロ離れた12番札所・焼山寺《しょうさんじ》に向かう。

山越えをしている時に無人販売所のおばあちゃんの所で、手づくりこんにゃくとキュウリを買う。81歳のおばあちゃんの手づくりこんにゃく、まだ温かい。北海道や九州からも注文があるという。夕食に酢みそで刺し身にしていただく。きれいにできていて歯ごたえが優しくおいしい。無人販売所といっても時々生産者のおじいちゃん、おばあちゃんと話をする機会がある。そんな時間がとてもうれしい。

その後、走り続けて峠越え。狭い山道へどんどん上って行く。車1台がやっと通れる道幅。運転している時は対向車が来ないように、急坂で上りきれるようにと祈ってしまう。途中、枝垂れ桜がたくさんある所を通る。上って行くにつれ、黄色や赤く色づいた葉が多くなり、1本の木でも緑、黄、赤と部分的に違いとてもきれい。やっと着く。

参拝後、11番札所方面に走るが、峠越えの途中になり何もないので、今日は走りをここでやめる。17時20分、吉野川市美郷着。

夜、温浴施設、道の駅がある所まで上って来た道を戻る。

172日目 …………

50・2㎞（8427・4㎞）

11月12日（水）

今朝は周りを山に囲まれているので、日の出が遅い。昨日終わりにした峠越えの途中の所まで20㌔戻り、昨日の続きの上りから。昨日より少しずつ道幅も広くなってくる。しばらく上ると一気に下る。下っている途中で下に見えたのは、大きな吉野川と吉野川を挟む広大な吉野川市と阿波市。

昨日からいくつかの峠越えをして来たが、これが最後の下りか？ 一気に吉野川市の街中へ。11番札所・藤井寺に参拝。その後、大きな吉野川を渡り、阿波市の10番札所、333段の石段がある切幡寺《きりはたじ》。9番札所、お寺は古いが本堂の屋根と鐘突台が新しい法輪寺。8番札所・熊谷寺《くまだにでら》には山門が2つあり、最初の山門には少しスリムな仁王像。2つ目の方は唐風の装いの仁王像。

7番札所・十楽寺《じゅうらくじ》は人々が8つの苦難から離れ、10の楽しみが得られるようにと寺号を十楽寺としたとのこと。そこから1、2キロ先の6番札所・安楽寺を巡拝。宿坊とトイレの屋根が、茅葺きだ。今日は走距離は少ないが、寺から寺への移動が近距離にあったので参拝しやすかった。16時50分、板野郡上板町引野寺の西北「安楽寺」着。

173日目……11月13日（木）

27・5㎞（8454・9㎞）

今朝はとても寒く、日中も風が冷たい一日。安楽寺からのスタート。今日も寺と寺が近距離にある。

最初に向かったのは5番札所の地蔵寺。正子は途中で寄った公衆トイレで、出ようとしたら錠が動かず開かない。大声を出したりドアを叩いたりして助けを求めるが、誰も気づかない。車が頻繁に通る音が聞こえる。声だけでなく、着ていた上着を上の隙間から外へ出し、ふりながら助けを求める。やっと裏の少し離れた所に住むおばさんが異常な声に気づき、男の人を呼んできてくださる。昭次郎も逆走して捜しに来る。ドライバーを借り、中から錠を外しやっと出られた。「お遍路中に天罰か?」と思ってしまう。本当に怖かった。着いた地蔵寺には大銀杏の木。

そこから少し行き、4番札所・大日寺。山門には仁王像やわらじなどの守護神がない。山門を入ると金魚の入った水鉢がいくつかある。その後、3番札所・金泉寺《こんせんじ》へ。山門を入り、朱塗りの太鼓橋を渡り本堂へ。鬼瓦が庭に置かれている。

2番札所・極楽寺は大きな山門。広い寺境内。弘法大師お手植えの長命杉がある。そしていよいよ、ほとんどのお遍路さんはここから始めるであろう1番札所・霊山寺《りょうざんじ》。山門を入ると、池には大きくて立派な鯉と、そばに三鈷松《さんこのまつ》と言われている松がある。通常、松の葉は2本、この松は3本。その後、88番札所のある香川県を目指し、また峠越えが始まる。

16時55分、香川県東かがわ市に入る。上り下りを繰り返し、下って見えたのは播磨灘。そして小豆島。小豆島は山が高く想像以上に大きい。周りには小さな島。後方には淡路島。今日は温浴施設のある所で終わりにする。17時05分、香川県東かがわ市着。

36・3㎞(8491・2㎞)

174日目……11月14日(金)

今日も朝から寒い。最初に向かうのは、さぬき市にある88番札所・大窪寺。昨日峠越えをし、その後、播磨灘に沿って走り、次の峠越えをする手前で終わりにしたので、その続きを走る。民家のない所の上り下りが続き、その後、集落が見えるが上り下りは変わらない。途中、山がかなり紅葉しているのを見る。

1番札所から参拝すれば、最後の札所となる大窪寺。そのためかどうかは分からないが、今まで参拝してきた寺のなかでは、門前の休み処と土産物屋が一番多い。広大な敷地には真っ赤なもみじがいっぱい。本当にきれい。お遍路さんが使った金剛杖を納める場所もあった。

その後、寺を一気に下り、上り下りを続ける。そして87番札所・長尾寺へ。山門を入ると広い庭、本堂、大師堂などが整然と配置され、かなり大きな楠がある。17時35分、さぬき市造田宮西着。

44・2㎞(8535・4㎞)

175日目……… 11月15日（土）

86番札所・志度寺から巡拝する。寺の入口に別の2寺。うち1寺にはエレキテルなどを発明した平賀源内の墓地がある。志度寺は山門と本堂が大きくて立派。山門にはかなり大きな仁王様と大きなわらじ。重要文化財に指定されているという。

次に向かった85番札所・八栗寺。五剣山の中腹にあるお寺で、下の駐車場から寺までケーブルカーがあるが、2人で歩く。上りきった展望台からは讃岐平野、高松市街が一望。参拝を終え、坂を下って来た所で「お遍路休憩所・仁庵」があり、素敵な建物だったので、中を見せてもらおうと近づくと中から「どうぞ寄っていって」と声。

今までもお遍路さんの休憩所は所々にあったがほとんどが無人で、3日前の切幡寺に行く途中にあった休憩所は、お遍路さんの案山子と柿が傍に置いてあり、「どうぞ」とあったが、今日初めてお接待と言われるものを体験。手づくりの甘酒、梅ゼリー、お茶を出してくださった。どれも優しい味。温かいおもてなしにひと時楽しい時間を過ごす。

午後から84番札所・屋島寺に向かうが、途中から屋島ドライブウェイという車専用道路になり（一般道路なのに有料）、これが屋島寺の駐車場までの道路。

歩行者専用の周遊歩道もあったようだが、ここは車で移動。午前中に行った八栗、五剣山が向かいに見え、源平の古戦場になった檀の浦が一望。屋島寺の開基は、鑑真和上で弘法大師が北嶺から南嶺へ移したとのこと。鑑真和上がお座りになっている堂があった。

その後、高松市の街中を走り、83番札所・一宮寺へ。大きくはないが庭にはもみじ、銀杏、楠などいろいろな木が、植えられている。16時56分、高松市一宮町着。

🏃 27・9㎞（8563・3㎞）

176日目……11月16日（日）

今日は、またすごい上り下りになりそうだと話していたが、まったくその通りになる。スタートしてまもなく長い上り下りが始まる。途中、3人の高校生らしき女の子たちと引率者のグループをあいさつしながら抜く。いくつものS字のカーブを上っていたら脇道（遍路道）から、先の女の子たちと引率者の方が出て来る。「もう来たの?」という感じ。

めげずにまたS字をしばらく上り続ける。エ〜!? さっき追い抜いたのにまた前にいる。遍路道はそんなに短いのかぁ。こちらはやっと上ってきたっていうのに……。

やっと着いた82番札所・根香寺《ねごろじ》。大きな山門の前に立つとダーと上り階段が見える。山門を入り数段下ると、後はずっと上る。山門近くのもみじは緑が多く、階段を上るにつれ赤、黄色、緑と実にきれい。根香寺から81番札所・白峯寺へ。先程上った分、一気に下り、その後は上り下りを繰り返す。見えてきたのは瀬戸大橋。これまたデカイ。

その後、高松市国分寺町にある80番札所・國分寺まで走る。壮大な山、そこに囲まれた集落が下に見える。

途中みかんの収穫をしていたHさんから、みかんと激励をいただく。國分寺までブロッコリーやレタスなどの畑を見ながら走る。國分寺にはミニチュア四国八十八ヶ所巡りとして札所1～88までの御本尊様と御真言が石に彫られ、そろっている。そして79番・天皇寺参拝後、温浴施設まで走り終わる。17時25分、坂出市常盤町着。

🏃 41・6㎞(8604・9㎞)

177日目……11月17日（月）

今日は、寺同士が近距離にある寺を巡拝する。最初に行った78番札所・郷照寺。ボケ封じの念珠、ぽっくり様という御肌布守護(白い手拭いのような物)が売られていた。ボケないでポックリ逝けたら最高だね!!

次に行った77番札所・道隆寺。ご本尊様は、眼なおし薬師如来として有名のよう。二体如来で、弘法大師がつくった薬師如来の胎内に別の人がつくった(作者の名前忘れる)薬師如来が入っているとのこと。

その後、善通寺市に入り、市内の76番~72番札所までまわる。76番札所・金倉寺《こんぞうじ》境内には、乃木将軍妻返し松(2代目)があり、乃木将軍の奥さんが東京から会いに来た時に会わせてもらえず、この松の下で一夜をあかし帰京したとのこと。

次に参拝した75番札所・善通寺。広大な敷地に東院、西院とある。とにかく広く五重塔や他の建物も立派。今までも大楠は何カ所かで見てきたが、ここの大楠は本当に大きい。五香山が駐車場の脇にあり、山道の散策コースを行くとミニ八十八ヶ所巡りになっている。

次に向かった74番札所・甲山寺山門には仁王像や大わらじなどなく、すっきりこじんまりしたお寺。

そこから少し走り73番札所は後にし、先に72番札所・曼荼羅寺《まんだらじ》へ。ここも仁王像が小さなこじんまりしたお寺。そして８００メートル奥に上がった所にある73

番札所・出釈迦寺《しゅっしゃかじ》へ。寺の上から下の街並みがよく見える。17時10分、三豊市三野町大見「道の駅　ふれあいパーク・みの」着。

🚶 25・9㎞(8630・8㎞)

178日目……11月18日(火)

今日最初に参拝するのは、昨夜駐車した「道の駅　ふれあいパーク・みの」の上にある71番札所・弥谷寺《いやだにじ》から。車は道の駅に置き、540段の階段を上る。朝の空気が冷たい上に日が当たらないので、かなり寒い。奥之院の一部が岩になっている獅子之岩屋に弘法大師のご本尊があり、そこで修行をしたとのこと。そして大師が唐から持ち帰った五鈷鈴《ごこれい》が奥之院にある。五鈷鈴は、金剛鈴の一つで五鈷杵《ごこしょ》の一方に鈴がついたものだ。

次に70番札所・本山寺《もとやまじ》まで走る。本寺のご本尊は馬頭観世音菩薩なので、馬の銅像が本堂の脇にある。ご本尊が馬頭観世音菩薩というのは初めて。

三豊市から観音市に入り、69番札所・観音寺《かんおんじ》、68番札所・神恵院《じんねいん》に行く。この2寺は同じ敷地内にある。観音寺の鐘楼の屋根には立派な彫り物が周囲、天井にまで彫られている。

走りを進めると、また三豊市に入り、67番札所・大興寺《だいこうじ》へ。参道右側には弘法大師お手植えとされる榧《カヤ》と楠の大木がある。66番札所は、1000ﾄﾒｰﾙくらいの高さの所にある。また峠越えの急勾配の上りが始まる。道はかなり狭くなり片側は絶壁。運転する手にも力が入ってしまう。行ける所まで行き終わりにする。16時58分、徳島県三好市池田町白地。

42・4㎞(8673・2㎞)

179日目……11月19日(水)

昨夜駐車した「道の駅　たからだの里さいた」から昨日の終わった所まで戻りスタート。ぐねぐねした狭い道、どんどん狭くなり舗装されていない道になる。運転していても本当に怖い。

やっと峠越えから脱出し、少し道幅の広い通りに出る。寺までずっと上りが続く。周りの木々はかなり紅葉している。参道が長く、空気がとても冷たい。走っていても寒く止まるとすぐに体が冷えてくる。

66番札所・雲辺寺《うんぺんじ》到着。山門を入るとマニ車(経車)というものを見る。お経が彫ってある円柱形の物で中にお経が納められている。その円柱形の石を回すことでお経を一巻唱えたのと同じ効力があるとのこと。

また寺内には「おたのみなすのこしかけ」という、なすの形のいすがあり、そこに座って願い事をすると成就するとのこと。なすびの花は無駄なく実になる、「成す」と語呂が同じで努力が報われるとのことのようだ。

雲辺寺参拝後は、ずっと下り。次は愛媛県四国中央市の65番札所・三角寺《さんかくじ》を目指す。途中2人で歩いていたお遍路さんに声をかける。1人は韓国の女性(ヒーさん)、八十八ヶ所巡りは5回目。70番札所・本山寺と71番札所・弥谷寺の中間あたりにお遍路さんの休憩所をつくり、今週の日曜日(11月23日)に完成とのこと。もう1人は鹿児島県姶良市の方。姶良市の重富温泉に行ったことを話すとすぐそばだという。この2人とは初めてなのに話が盛り上がり、長い間話してしまう。この2人も歩いていて少し前に出会ったばかりのよう。人の出会いは本当に楽しい。2人と別れ走り再開! 参拝は17時までなので65番札所・三角寺への参拝は明日にし、近くまで走る。17時35分、愛媛県四国中央市金田町着。

🏃 40・8㎞ (8714㎞)

180日目……11月20日(木)

昨日終わりにした地点まで戻り、そこから三角寺を目指す。ここまでもずっと上ってきたが、まだまだ急な上りは三角寺山門まで続く。ただ上っていても昨日のように道が細く足下が悪いといった道とは違うので気持ちは楽。

上るにつれ、下の町並みがよく見える。やっと寺に着き、急な階段を上って真正面に見えたのは、客殿大玄関にきれいに生けられたお花。落ち着いたお寺での心配りが非常にうれしい。庭には大きな桜の木と高野槙、三角の池があり三角寺というのもそこからきているようだ。

ひたすら上って来たので、帰りはひたすら下る。左手に、連なる高い山を見ながら四国中央市から西条市の街中へ。連なる山の奥には石鎚山。64番札所・前神寺《まえがみじ》まで走る。ちょうど17時だったので参拝は明朝にする。前神寺のすぐ下に湯之谷温泉があり、今日は温浴施設までが近くてよい。17時00分、西条市洲之内甲「前神寺」着。

🏃 41・9㎞(8755・9㎞)

181日目……11月21日(金)

今日は、昨日ゴールした前神寺から巡拝。大きな銅板の屋根の本堂、石鎚山滝不動がある。64番~61番は近距離にあるので、少し走ってはお寺、少し走ってはお寺という感じ。その後、63番札所・吉祥寺《きちじょうじ》まで走る。四国で唯一、ご本尊は毘沙門天王が鎮座している。寺内に成就石という大きな石があり、穴があいている。後ろを向いてその穴に金剛杖が入れば、願い事が成就するとのこと。

また2キロくらい走り62番札所・宝寿寺へ。小さなお寺でマイクロバス2台のお遍路さんで混んでいる。次に向かったのは、61番札所・香園寺。本堂がどこかわからないような体育館か美術館のような洋風のつくり。その大きな建物の2階にご本尊の大きな大日如来がある。弘法大師が四国巡錫時に、寺の麓に一人旅の女性が難産で苦しんでいたのを祈祷し、無事に男の子が生まれた。大師は「安産、子育て、身代わり、女人成仏」の四誓願を祈祷、秘法をこの寺に伝え、子安大師として信仰されているとのこと。

香園寺参拝後は、町中からどんどん山の上に入って行く。川の水が本当にきれい。日陰は走っていても寒いくらい。8キロくらいずっと上りで、60番札所・横峰寺の駐車場に到着。山門が見当たらない。お遍路道で2・2キロ上にあるらしい。2人で登り出すが細い道で岩や木の根、石がゴロゴロの登山道。山からの水が流れ空気が一段とひんやりする。ランニングシューズより登山靴が欲しいくらい。上りがかなりきつく心拍数は上がるし、階段ではどうしても手が膝にいき、「よいしょ」の掛け声がでてしまう。やっと到着！　ヘロヘロ。

往復4・4キロ、15分くらいの参拝時間をいれ2時間半くらいかかってしまった。四国八十八ヶ所の中で、3番目の難所（高さでの）だったよう。1番は66

番札所・雲辺寺、２番目は21番札所・太龍寺。どれも大きくうなずける。どれも長い急勾配の上り。雲辺寺も太龍寺もほとんどのお遍路さんはロープウェイを使っていた。自分たちは走って上ったが、さすがここは走れる所ではなく歩いてしまった。自分たちにとっては難所だった。17時00分、今治市湯ノ浦着。

35・9㎞（8791・8㎞）

182日目……11月22日（土）

今日は59〜55番札所を巡拝。59番札所・国分寺では、山門でお接待をしていただく。参拝者にお菓子をくださる。その後、58番札所・仙遊寺まで走る。山門から本堂まで500㍍の階段。つかまり棒はあるし、足下はしっかりしているし、昨日の横峰寺とは違う。阿坊仙人というお坊さんが40年間この寺に住み、雲の如く消えそれが寺号になったとのこと。下の駐車場のモミジにいろいろな色がありとてもきれい。

仙遊寺から57番札所・栄福寺へ。栄福寺では地元の人の法事が行われていた。56番札所・泰山寺のご本尊は地蔵菩薩。地蔵庫というものがある。そして少し離れた55番札所・南光坊まで走る。山門には、持国天（東）、広目天（西）、増長天（南）、多聞天（北）の四天王がいる。この四天王は、四方を守護し如来、菩薩を守っているとのこと。甲冑をまとい邪鬼を踏んで立っている。

南光坊から54番札所・延命寺へ。山門を入るともうひとつ門がある。今治城を解体した時の門だそうだ。その後24、5㌔離れたゴール、道の駅まで走る。18時15分、松山市大浦「道の駅　風早の郷　風和里」着。

45㎞（8836・8㎞）

183日目……11月23日（日）

今朝は暖かく快晴。今日は松山市にあるお寺を巡拝する。初めに53番札所・圓明寺《えんみょうじ》と52番札所・太山寺に向け走る。途中たくさんのランナーに会う。2月に愛媛マラソンがあるとのことなので、その練習なのだろう。15㌔くらい走り、圓明寺に到着。山門は八脚門一棟で、重要文化財に指定されている。庭はきれいにほうき目があり気持ち良い。少し離れた太山寺は、山門から本堂まで500㍍。本堂は太い円柱の柱（国宝）。納経所と客殿は離れた別の敷地にある大きなお寺だ。

走りを進め、道後温泉を過ぎ、51番札所・石手寺へ。山門まで仲見世がある。山門を入ると今までの寺とは異なった雰囲気。「再生」「平等」「皆一緒」と大きく書かれた紙が立て掛けられている。また不殺生の祈りとして、日本や海外での自然災害、事故、戦争などで亡くなった方々への祈りとして円筒形の石に災害名、事故名などが彫られている。次に向かったのは50番札所・繁多寺《はんたじ》。少し高台にあるので、下に街が見える。そして49番札所・浄土寺へ。本堂、仁王門は国宝。仁王門の屋根は何重にもなっている。

最後に48番札所・西林寺に参拝。仁王門の横に洗心の搭（13重）というものがある。大木はないが庭園がきれい。近くの温浴施設まで走り終わる。17時15分、松山市中野町着。

184日目……11月24日（月）

41km（8877・8km）

いよいよ残こすところ4寺。47、46番は5キロぐらいの所にある。47番・八坂寺。修験道場のため、住職は代々、八坂家の世襲。少し離れた46番札所・浄瑠璃寺に向かう。樹齢1000年のビャクシンがある。仏の足跡があり、足を載せることができ、健脚、交通安全を祈る。また釈迦がインド修行から持ち帰った石を埋めてある大きな石の腰かけがある。

その後、久万高原町にあるお寺を目指す。途中の砥部町では、中央分離帯に砥部焼きの大きな焼き物がある。標高720メートルの三坂峠越え。最高地点までずっと上り。下の山間部には集落も見える。途中、数匹の猿に会いドッキリ！最高地点通過後は一気に下り45番札所・岩屋寺に。駐車場から参道の長い階段を行く。参拝者が途中で休んだり、息をきらせたりして上っている。時間がないので走るが、きつい。名前の通りまさに海岸の巨大岩に似た所に寺が建っている。参拝、納経後、来た道を44番札所・大寶寺《だいほうじ》の分岐点まで車で戻り、そこからまた寺まで走る。時間内に参拝、納経も無事終わる。大寶寺が最後のお寺であること、マラソン日本一周をしていることを話すと、温かい激励とお寺の手拭いをいただく。最後にうれしいプレゼント。

今日で八十八ヶ所巡りが終わったが、毎日急ぎ足の巡拝。今度は歩いてじっくりまわりたい。17時20分、上浮穴郡久万高原町上野「道の駅　天空の郷さんさん」着。

🏃 40・7km（8918・5km）

185日目……11月25日（火）

昨夜から降りだした雨が今朝も止まずに降っている。昨日八十八ヶ所巡りが終わり、今日は八幡浜市のフェリー乗り場方面に向かう。雨の峠越え。昨日ずっと上って来ているので少し上ると後はずっと下る。途中から道幅が広くなったり狭くなったりで、車1台がやっと通れるというところもある。狭くなるたびにヒヤヒヤしてしまう。

木々が大分、紅葉している。臼杵地区あたりは山の斜面に柿の木が植えられ、葉が紅葉して山全体が紅く染まり、とてもきれい。房州の方ではあんなにきれいな紅葉は見られない。道には所々に柿の無人販売所があり、1袋100円（3～5個）で売られている。車の中に買った柿があるのに、あまりの安さにまた買ってしまう。午後からは雨も止み走りやすくなる。大洲市に入り八幡浜港まで約20キロ残し、街中で終わる。16時40分、大洲市東大洲着。

51㎞（8969・5㎞）

再び九州から一路、千葉をめざす

186日目……11月26日（水）

いよいよ四国での走り最終日。昨日に続き八幡浜のフェリー乗り場まで約20㌔を目指す。大洲市の街中から八幡浜市へ。昨日は山の斜面が柿の木一色だったが、今日はみかん一色に変わる。10時55分フェリー乗り場着。11時45分発、臼杵港行きに乗船。

寒くならないうちに八十八ヶ所巡りをしようということで、大分の臼杵港から四国入りしたのが1カ月前だった。10月28日夕方、八幡浜市で1軒しかない銭湯やスーパーに走ったのが懐かしい。

その四国を離れる。14時10分、臼杵港着。14時40分、大分県での走り再開。スタートと同時に雨が降り出し峠越えも始まる。

九六位峠《くろくいとうげ》というS字のすごい急勾配の上り、そして一気に下り。四国巡礼ではものすごい坂ばかりだったが、大分に入ってもまた坂。峠の途中で大分市に入る。峠を下り、町が見えた時にはほっとする。買い物をしてゴール。17時20分、大分県大分市大字森着。

入った温浴施設、今日は26日、「ふろの日」で年に一度の100円デー。ラッキー!!

187日目……11月27日（木）

41・9km（9011・4km）

大分市から別府市を抜け、杵築市まで走る。出発して、正子は昭次郎が通り過ぎたのを見過ごし、先を見に行ったり戻ったり……。ランナーはだいぶ先にいる。険悪ムード。走友・工藤さんのご実家（大分）の弟さんが経営するお店まで走る。弟さんはコンビニ経営のオーナーで、前日、日勤と深夜勤をし、あがった時間帯に私たちが到着。電話で場所と勤務時間を伺っていたので、お店には行ったが、お会いできなかった。声と口調が工藤さんそっくり!! 弟さんの方が年上に見られるとのこと。やっぱり会いたかったなぁ〜。残念! 前日大分に戻った時に駐車場や風呂のことを心配してくださり、お世話になる。

その後、右側に別府湾、左に鶴見岳を見ながら、片道3車線の広い通りを行く。別府大分マラソンのコースである。そして左手には線路。レース当日には、電車が警笛を鳴らしてくれる。「これがいつもテレビに映る線路かぁ〜」などと思いながら走る。せっかくの別府温泉も昼の通過になる。杵築市に入ると、カブトガニの生息地とある。別府温泉ではないが、肌がツルツルになる温泉に入る。17時20分、杵築市大字奈多着。

53・1km（9064・5km）

188日目……11月28日（金）

スタートしてすぐに大分空港を見る。しばらく右手に海や田園風景を見ながら走る。国東市に入りトンネル続き。各々のトンネルの前にはトンネル名と番号（何番目）、そして次のトンネル名が書かれた看板が立てられているので、いくつ越えてきたかわかる。そして次のトンネルがあるということも……。

その後も海岸線に沿って走る。姫島が見えフェリー乗り場の案内。人が住んでいるのだろう。11番目のトンネルの中で豊後高田市に入る。トンネルを抜けると、上空でものすごい爆音と8機の戦闘機。航空自衛隊築城基地からだろう。ものすごい速さ。

その後は静かな海に沿って走る。残念なことに雲が多く、夕日は見られない。四国のあちらこちらでたくさん見た背の高い皇帝ダリア。このあたりでも見る。国東半島ぐるりと一周完了。17時33分、豊後高田市呉崎着。

🏃 64㎞（9128・5㎞）

189日目……11月29日（土）

左手と後方に山を見ながらの走り。天気予報では曇りのち晴れとのことだがなかなか晴れず、やっと午後から晴れる。豊後高田市から宇佐市に入るとフラワーロードがあり、歩道に花壇がある通りが続く。

花壇には、企業や団体名が書かれた看板が立てられている。おそらく花の植栽の協賛企業や団体名だろう。花壇の様子のばらつき状態からして、管理は各々に任されているようだ。走っていると第35代大横綱双葉山の生誕地の大看板がある。左手や後方にずっと山を見てきたが、山の形が非常にさまざま。すごく尖った三角や上が少し丸みがかった三角山、台形のような山といろんな形が重なりながらある。

「道の駅　なかつ」の前あたりに来ると八面山の標識。しかし、どの山なのかわからない。走りを進め福岡県豊前市へ。明日、航空自衛隊築城基地の航空自衛祭があり、今自分たちが走っている国道10号の渋滞が予想されるとのこと。渋滞は避けたいので、基地の先まで走って終わる。17時25分、福岡県行橋市大字道場寺着。

51・4㎞（9179・9㎞）

190日目……11月30日（日）

7時過ぎにものすごい音。今まで体験したことがないような音。今日は航空自衛隊築城基地の航空自衛祭だ。戦闘機のショーがあるのか？ 朝から練習している（おとといも見たなぁ）。戦闘機が飛び立つ瞬間のものすごい爆音。今までも三沢基地、小松基地近くで、上空をものすごい速さで飛ぶ戦闘機の爆音を聞きすごいと感じたが、今日のはとにかくすごい！ 爆弾でも落とされたようなものすごい音。

昨夜はその基地から、6キロぐらいの所に駐車。今朝方にかけ、自衛隊方面に向かう車線がいっぱいで、4時過ぎから渋滞。10時から始まりのようだがすごい人気。その後も練習は続き、私たちが走り出した後も音がしていた。10時半、雨が降り出し、一時はかなり強く降る。雨の中、門司を目指す。関門トンネルが工事中のため、関門橋を車で渡り下関へ！

通過した関門橋を背にし、温浴施設まで走る。ちょうど隣に1000円カットの店と大型スーパーがあり、風呂に入る前に2人で散髪し、買い物。カット代1000円、風呂1000円。せめてゆっくり入りたい！　15時40分、山口県下関市長府外浦町着。

🏃 40・6㎞（9220・5㎞）

191日目……12月1日（月）

昨日から降りだした雨が止まず、走り始めてからもずっと降っている。おまけに風が強い。今日は朝から車とランナーが同じ道が走れない。突然、歩道がなくなり、歩行者や自転車は下の道を走る。車の通っている道が見えている間はよいが、ランナーだけ街中や住宅地の道を走り車の走る通りに出るという所が何カ所もあり、本当にヒヤヒヤ。

ランナーは自分が車の走っている道のどこに出るかわからない。運転している方も、所々の間道のある時で待ち、ある程度待って来ないとまた先まで行き待つという繰り返し。待っている間は、ランナーがまだ来ていないのか、それともすでに通過してしまったのか、下の道がどういう道かわからないだけに予測がつかない。お互い見えないので、どこで会えるかとても不安になる。昼頃雨は止んだが、相変わらず風は強く、しかも冷たくなってくる。午後からも道を間違え、お互いに相手を探し同じ道を行ったり戻ったり……。薄暗くはなるし寒くはなるし、大変な1日。17時15分、宇部市大字東岐波着。

🏃 51・3㎞(9271・8㎞)

192日目……12月2日(火)

師走に入ったら急に寒くなり、今朝はみぞれ交じりの雨がパラパラ。とにかく寒い。空気が冷たいので顔がこわばってしまう。宇部市から山口市に入り、山口大橋を渡る。畑ではキャベツ、ブロッコリー、大豆などを見る。秋穂町周辺ではみかん畑。

その後、防府市に入ると、12月21日に行われる防府読売マラソンの時の交通規制協力の看板をあちらこちらで見る。区画整理された田畑が広がる。広い敷地のマツダ工場、協和発酵バイオ工場など大手の企業も多い。また航空自衛隊防府南基地もあり、ジェットヘリが何度も飛んでいる。

周南市に入り上ってきた分を下り、街中へ。日本一周を始めてから3度目のオイル交換をする。今日は車とランナーが同じ道を進めたので良かった。17時00分、周南市清水着。

🏃 56・7㎞(9328・5㎞)

193日目……12月3日（水）

今日も朝からすごく寒い。スタートの所には宝くじ売り場があって（まだ開いていないが）ロト6の1等当選がこの場所から出たとのこと。ただただ、いいなぁ〜！　すぐに雨が降り出し、吐く息も白い。周防灘の海岸線に沿って走る。

途中、光市を走っている時に大小の島がいくつも見える。天気が悪いのですべてグレー色。まるで墨絵のよう。この先はしばらく温浴施設がないので、施設のある所で終わりにする。16時30分、柳井市柳井着。

47・3㎞（9375・8㎞）

194日目……12月4日（木）

今日も朝から冷たい雨。今日で3日目。今日は昨日、おとといに比べ降りが強く靴もグショグショ。冬は足元が濡れると、どんどん寒気がくる。車の中でヒーターを入れていても足はなかなか暖まらない。広島湾に沿って走る。今日もずっと瀬戸内海の大小の島々が見え、昨日と同じ墨絵のような景色。

岩国市の近くに来た時に上空で音。もしかしてオスプレイ？　と思ったら戦闘機。かなり上空だったので音はそれほど大きくはなかった。

14時30分、広島県大竹市に入る。大野という地区あたりに来るとたくさんの牡蠣棚、牡蠣小屋を見る。「大野瀬戸かき海道」と呼ばれているようだ。東には宮島、厳島神社が見える。広島県に入り大型車の交通量が一気に増える。

昼ごろより雨が止み、時々日も差す。少しの日差しでもありがたい。走りやすくなり、広島市の温浴施設まで走る。17時30分、広島県広島市佐伯区楽々園着。

🏃 60・1km（9435・9km）

195日目……12月5日（金）

今朝も冷たーい雨がぱらつき、陽が射したかなぁと思うとまた降って……、はっきりしない天気。今朝の天気予報で、昨夜は安芸高田市や北広島市などで雪が降ったとのこと。どおりで冷たいわけだ！　高い鼻でもないのに、走っていて冷たい空気が入ってくると、鼻が痛い。顔も痛い。覆面マスクが欲しいくらい。

今日は呉市を目指すが、その前に大都市の広島市を抜けなければならない。

国道2号線の上に高速道路、並行してバイパスが走っている所を走る。片側4車線ある国道2号線を行くが、交通量が多く、しかもどの車もスピードを出している。上や並行して走っている高速やバイパスと変わらない。

何度もナビを入れ直し、呉市までの走りやすい道を探す。やっとごちゃごちゃした広島市を抜ける。呉市も街中は混んでいて渋滞。ランナーより車の方が後ろになり、なかなか動かない。車を待っているとどんどん体が冷えてきて寒い。

1740㍍あるトンネルを通る。車道と歩道の間が特種なガラスで仕切られている。排気ガスもこないし、騒音も少ない。そして安全。これは良い！　こんなトンネルは初めて。17時05分、呉市広古新開着。

冷えた体に温かいお風呂がありがたい。

196日目……12月6日（土）

🏃 48・2km（9484・1km）

久しぶりの晴れ。しかし空気がとても冷たい。四国の方でも大雪になっているとのこと。やはり大分から四国に渡り、八十八ヶ所巡りを先にしてよかった。今ごろ走っていたらきっと山の上まで上れなかっただろうなぁ〜。雪でなくても、車のタイヤから白い煙がでて空回りしてしまったり、下がってしまったりするような坂が多かったからなぁ〜。

海岸に沿って走る。養殖牡蠣の種付け用ホタテの貝がたくさん積んであり、牡蠣棚を見る。

竹原市に入り少し山側になると、緩やかな上り下りがある。ちらちらと雪。

今年の初雪。上り下りがある所や橋の上などには、凍結防止剤が用意してある。降りがひどくならないうちに下ろうと、ピッチが早くなる。また海側に出ると、大小の島々、その向こう側にはうっすらと四国、しまなみ海道の一部が見える。竹原火力発電所、大きな造船所を見ながら終わる。17時05分、三原市須波西着。

🏃 56・5㎞（9540・6㎞）

197日目……12月7日（日）

走り出してすぐに尾道市に入り、しまなみ海道の入口、橋の下を通る。そのまま海岸線に沿って福山市へ。日曜日のためか、いつものことなのかわからないが交通量が非常に多い。途中、何カ所かランナーが下を行く所があり、しばらくお互いの場所探し。ランナーは5キロ先に。

本当にこういう道は嫌だ。その後、岡山県笠岡市に入るが、こちらもすごい車の数で大渋滞。ランナーも先に行くことができず、ゆっくり歩いたり止まったり。やっと少しずつ動きだし、時間をロスしたぶん遅くなる。17時55分、岡山県笠岡市笠岡着。

🏃 54・8㎞（9595・4㎞）

198日目……12月8日（月）

今朝は冷え込み、車の窓ガラスや屋根も凍っていた。スタートしてすぐに、畑や草の上にも霜がおりているのを見る。高梁川を渡る橋のところまで来て車専用の橋とわかり、ランナーは、車専用の橋を上に見ながら、同じ方向に行く下の道を捜す。倉敷市や岡山市では混雑することを覚悟していたが、岡山市に入り多少渋滞はあったものの、それほど大きなものではなかった。しかし車は非常に多い。

大都市は本当に走りにくい。これから行く大阪も大変になりそうで、怖いなあ~。17時10分、岡山市東区政津着。

🏃 56㎞（9651・4㎞）

199日目……12月9日（火）

ここ数日、カーナビに一般道を入力すると、バイパスや国道2号線でルートが開始される。しかし、それらは交通量が多く、どの車もかなりのスピードを出している。しっかりした歩道があったかと思うと、途中からなくなりランナーだけが下の道を行かなければならなかったり、ランナーを待つ駐車スペースがなかったり……。そのたびヒヤヒヤドキドキ。昨日も今日も、ナビのいうことは聞かずに、少しずつ道を捜しながら進む。海岸線に沿って行き、途中、山側に入りアップダウンを繰り返す。
15時59分、兵庫県赤穂市入り。田畑の風景から大手企業の工場、赤穂火力発電所等が並ぶ所を通る。赤穂浪士討ち入りまであと4日!! 17時30分、兵庫県赤穂市南野中着。

🏃 55・8㎞(9707・2㎞)

200日目……12月10日(水)

今朝は、ここ数日の冷え込みがすこし緩む。スタートして高取峠を通る。カーブの多い緩やかな上り、そして下り。日陰なのでかなり寒い。今日もナビは国道2号線を行くよう何度も指示してくる(走る人用のナビではないので仕方ないが……)。ナビの指示を無視して、ただただまっすぐ姫路、神戸方面を目指す。途中、国道2号線と合流しなければならない所が何回かあって、前後、横を大型トラックやコンテナ車がビュンビュン飛ばす。

スタートしてからこれまで、自分たちの脇を走っていたのは、1両または2両編成のローカル電車か長い貨物列車がほとんど、時々特急を見るといった感じだったが、昨日、今日と新幹線が走るのを頻繁に見る。

今日も危険の少ない道を捜しながら走る。17時20分、明石市二見町東二見着。

56・6㎞（9763・6㎞）

201日目……12月11日（木）

昨夜から今朝方にかけ雨が降り、スタート時にもパラパラと降っている。今日もここ数日間同様、道に苦戦する。走り出してしばらくして明石海峡大橋の下を行く。右に大阪湾、左に山陽本線、山陽電鉄本線が走っている。ひっきりなしに電車が通り、その音もすごい。

ある所にきたら橋の修理。両側の歩道が途中からなくなり下の道を行くが、迂回路が駅の構内を横切り反対側の狭い路地裏の小さな商店街を抜けて上まで出るという何ともすごい迂回路。

午前中は左が線路のためランナーを待つ駐車スペースがない。午後からは、また例の国道2号線。片側6車線、どの車も飛ばす飛ばす。すぐ上は阪神高速道路が走っていてものすごい音。高速や他の路線もあり道はごちゃごちゃ。ドライバーは乗る路線を間違わないよう、そしてランナーへの指示を出すタイミングも大変。今までもそうだったが大都市は、本当に車もランナーも大変！明日はいよいよ大阪。2日間くらいかかるだろうが早く脱出したい。17時05分、神戸市灘区下河原通着。

🏃 51・2㎞（9815㎞）

202日目……12月12日（金）

今日はいよいよ大阪に入る。スタート時は国道43号を走る。ここ数日そうだが、43号は車が上、人は下の道で別々、お互いが見えないのは不安。歩道は自転車が多い。また車道の方はいつもよりバイクが多い。通勤にバイクや自転車を使っている人がとても多い。このへんは土地が狭いので、マンションの中の駐輪場も2階（2段）になっている。

途中から別ルートを捜して行く。別ルートでは交通量も少なくなり、お互いの顔が見えるようになる。10時18分、大阪府大阪市に入る。大きな大淀川を渡る。その後もいくつかの市を通り岸和田市へ。だんじり会館がある。

明後日は衆議院選挙、街では選挙カーが最後の訴えをしている。いつも1日に1、2回は見ていたが、今日は何回も救急車の出動を見る。やはり大都市だからなのか？　明日も無事に終わりますように……。17時20分、大阪府貝塚市東着。

大阪では、長い間、館山若潮マラソンのゲストランナーだった深尾真美さんと一緒に走ることを昨年から予定していた。だが勤務時間の都合や土日は審判の仕事が入ってしまうなど時間が合わず、残念だが一緒に走ることができなかった。新春1月25日の館山若潮マラソンでまた会おう、ということになる。大分あたりを走っている時に、館山若潮マラソンまでには日本一周を遂げられそうな計算になり、私たちも参加申し込みをしておいた。

203日目……12月13日（土）

48・2km（9863・2km）

大阪2日目。大阪入りする前に、大阪を抜けるのは大変になりそうだということは話していた。昨日、大阪の中心街は通過。今日は中心街から離れていくので車の量もかなり少なくなる。今日も危険の少ないルートで和歌山県を目指す。大阪湾からの西風がとても冷たい。上空には雪雲があり時々みぞれ混じりの雨。寒い!!

しばらく走ると、明石市と淡路島を結ぶ明石海峡大橋、おととい走った神戸方面がうっすら見える。孝子峠を通り、13時22分、和歌山県和歌山市に入る。信号待ちしていた時にウォーキングをしている2人のおばさんと会い会話。袖ヶ浦ナンバーはどこの県かと聞かれる（これまでも何回も聞かれた）。「ようここまで来てくださったのう〜」。季節の風は冷たいがその言葉はあったか〜い響き。大都市の大阪、神戸が過ぎほっとする（神戸はかなり大変だった）。17時05分、和歌山県海南市下津町丁着。

55・5㎞（9918・7㎞）

204日目

……12月14日（日）

今日も朝から強く、そして冷たい風。雪雲が空を覆い、時折、小雪がちらつく。海南市からすぐに有田市に入る。途中の山の斜面はみかんの木でいっぱい。有田川に沿った山の斜面もみかん、みかん、みかん。そして所々あるみかんの無人販売所と直売所を見ながらの峠越え。小雪がちらつき寒い。

由良町に入る所の土手で、たくさんの水仙の花を見る。由良町は水仙の町のようだ。また風が強いので風力発電用の風車が何機もある。

大きなアップダウンが終わり御坊市へ。スターチスの花のビニールハウスが続く。印南町に入りまた海岸線が見えて来る。17時09分、日高郡印南町大字西ノ地着。

55・8㎞（9974・5㎞）

205日目………12月15日（月）

昨日に引き続き、熊野街道（国道42号）で紀伊半島を南下する。絹さややストックの路地栽培を多く見る。みなべ町に入ると山の斜面が梅林。斜面一面が、昨日のみかんから梅に変わる。その斜面には、収穫したみかんやビワの運搬に使うのと同じモノレールが備えられている。

そしてしっかりしたビニールハウスの中では、梅が干されている。天気の急変に備えて、ハウスの中で干すようだ。収穫する量が非常に多いので、塩漬けした梅を夏の時期だけでなく、今の時期でも天気の良い日は干すとのこと。さすが紀州の梅!!　売店にはいろいろな味の最高級の南高梅が並ぶ。我が家も自家製の梅干しを持って来て毎日食べているが、ちょいと違うなぁ〜。

その後は海岸線に沿ってカーブの多いアップダウンといくつものトンネル越え。椿温泉あたりで高さはそれほどないが、浸食された岩を見る。釣具店も多い。17時00分、西牟婁《むろ》郡白浜町塩野「道の駅　椿はなの湯」着。

走 50・8㎞（1万25・3㎞）

206日目………12月16日（火）

朝、小雨だったのが、10時過ぎから大雨になり、海からの風がとても強い。

カッパを着てフードをかぶり、手袋の上にビニール手袋、足は靴下の上にスーパーのレジ袋を履きシューズを履く。風が弱い所では傘をさして走る。何ともすごい格好。格好なんてかまわない。濡れない方がいい。でもすぐに靴の中に水が入りグチョグチョ。

道が狭い上に歩道がなく、ダンプカーが次から次へと来る。海が見えたかなぁと思うと海からの強い風。雨風が強くなり、昼過ぎに止めようかと思ったが、串本温泉を目指し走る。冷えた体に温かい湯が一番！　16時15分、東牟婁郡串本町串本着。

走 40・5km（1万65・8km）

207日目……12月17日（水）

朝から粉雪がチラチラ。北の山から吹き下ろす風がすごく冷たい。この冷たい北風と粉雪は終日続く。屏風岩やゴツゴツした洗濯板のような岩をあちらこちらに見る。

今日も海岸線に沿って、アップダウンを繰り返し、熊野街道を行く。釣り船や、干物用の秋刀魚、鯵をたくさん干してあるのを数多く見る。魚は開いて干すのではなく、丸のままで干されている。

鯨の町・太地町や鯨とマグロの町・那智勝浦町を過ぎ新宮市へ。16時過ぎ、熊野川を渡る橋の途中で三重県に入る。17時10分、三重県南牟婁郡紀宝町井田「道の駅　紀宝町ウミガメ公園」着。

クリスマス・イルミネーションがきれい。

208日目……12月18日（木）

走 53・6㎞（1万119・4㎞）

熊野灘の海岸線に沿って、今日も熊野街道を行く。昨日も見た秋刀魚の丸干しが今日もたくさん吊り下げられ、干されている。海からの風はないので、海は穏やか。しかし山からの冷たい風が痛い。獅子岩、花の窟などが見え、熊野市に入り峠越えが始まる。急カーブの長い上り下りが20キロ以上延々と続く。

上りきった上にも集落がある。このあたりには店がないため食品などを売る販売カーを見る。高い山、深い谷底。昨夜は雪が降ったようで日陰には雪が残っていて、水溜まりには氷が張っている。洞門の上から水がしたたり2メートルくらいの長い氷柱ができている。

今日も時々粉雪が舞い、一時激しく降る。まだ夏タイヤをはいているので、不安になる。道路が濡れていないのと交通量があること、地元の人の「大丈夫」

という言葉とでちょっと安心。しかし少しでも早くに峠を下ろうと急ぐ。「熊野古道への入口、◯◯峠」という標識を所々で見る。17時25分、北牟婁郡紀北町海山区舟津着。

🚶 56・2㎞（1万175・6㎞）

209日目……12月19日（金）

今日も熊野街道を行く。ここ2、3日に比べれば、風がないので少し暖かい。だが、日陰に行くとすごく寒い。今日も熊野古道始神峠、ツヅラト峠、荷坂峠などの入口標識を見る。紀北町や大紀町では玄関上にしめ縄が飾られ「笑門」と書かれてある。「笑う門には福来る」である。しめ縄なので1年間飾っておき、新年を迎える前に取り換えるとのこと。

各家や地域によっても違うようだが、ウラジロ、蒸した伊勢海老を付けるところもあるとのこと。商売用には「商売繁盛」と書かれたものもある。こちらでは、お飾りというのは家の中に飾る物をいい1月15日くらいにさげる。

神話の舞台とされる三重県。伊勢神宮もあり御神様信仰は篤いようだ。17時00分、多気郡大台町佐原「道の駅　奥伊勢おおだい」着。

🚶 48・4㎞（1万224㎞）

210日目……12月20日（土）

スタート時は小降りだったのに、すぐに本降りになる。熊野街道7日目。今日はいよいよ伊勢神宮を目指す。途中、茶畑をたくさん見る。伊勢茶というのは初めて聞くなぁ～。茶畑の風景から柿の風景に変わる。途中、この雨のなか、歩いている人たちを多く見る。声をかけ尋ねると、熊野古道の三木峠を歩く大型バス4台でのツアーだとのこと。約20キロ歩き、ゴールは弘法の湯。しかし弘法の湯は15人くらいずつしか入れないので、「今晩は風呂なしかな?」と。ツアーの人たちと別れ、走りを進め伊勢市の街中へ。足はぬれ、靴の中でカチカチになる。「伊勢神宮→」の標識も数が増えてくる。

そしていよいよ「伊勢神宮・外宮」の標識。衣食住、産業を守護する豊受大御神をまつる外宮の正宮に参拝し、周りを少し歩く。雨の降りも強く、足が濡れているので冷えがどんどんくる。

雨の神域、伊勢神宮参拝。身も心も（?）清めたかったが、寒さには勝てず残念だが出ることにする。14時50分、伊勢市本町着。

志摩半島は細いので片道で足跡を残すため、今夜中に志摩市に車で移動。明日は志摩市から鳥羽市、そして再度伊勢市へ。志摩半島を逆ラン(走)する。

走 34.5㎞（1万2558.5㎞）

211日目……12月21日（日）

今日は、志摩市から鳥羽市、そして伊勢市に入り、全日本大学駅伝のコースの熱田神宮から伊勢神宮までを逆走する。鳥羽市二見あたりに来ると、対岸の知多半島、渥美半島が見えてくる。

志摩市も鳥羽市も車が多くなかったので走りやすかったが、伊勢市に入り交通量が一気に増える。ランナーを待つ駐車スペースがなく大変。少しでも温浴施設の近くまで走ろうと、足元が暗いなかを走る。18時00分、松阪市西黒部町着。

56・5㎞（1万315㎞）

212日目……12月22日（月）

日差しはあるのに、北西の山からの吹き下ろす風がとても冷たい。いくつかの橋を渡る時が、特に強く冷たい。北西の方に見える山は雪で白くなっている。今日も交通量は多く、しかも歩道が車道と離れる所が多くある。

鈴鹿大橋を渡ると四日市市。そこから見える山は真っ白。そしてコンビナートの白い煙と真っ黒な雪雲。四日市市に入り大渋滞。車がランナーを待つのではなく、ランナーが車を待つことになる。全日本大学駅伝はこの道を走るわけだが、この交通量を考えると、駅伝当日、この道を使えないドライバーはかなり大変だろう。

そして大ショックなことが!! また(?)車を縁石にぶつけてしまった。あ〜、ショック!! 17時00分、四日市市本町着。

今夜は冬至。ありがたいことにゆず風呂に入れるが、気持ちは重い。

🏃 52km (1万367km)

213日目……12月23日(火)

今日は、愛知県知多半島を目指す。昨日、おととい国道23号では交通量が非常に多く、また高架橋や橋が多いため、ランナーは車とは別の下の道を走った。今日は最初、23号を避け国道1号で行くが、途中からやはり23号になり、車とランナーはほとんど一緒にならず。ランナーは上に見える車道の方向を見ながら走る。車は降りたと思うとまた上りという感じ。途中道路工事があり、ランナーは街中を迂回することも……。

朝、走り出して間もなくした所で昭次郎が(本人いわく)道路のとんでもない所にあった反射板につまずき、手のひら、肘、両膝から出血する怪我。膝の半月板は大丈夫か? 自称「不死身の男」、その後も走り続けるが、正子の見る限りかなり痛そう。

大きな揖斐川、木曽川を渡ると、愛知県弥富市に入る。その後も道路状況は変わらず。ランナーを待つこと1時間近くなってくると本当に不安になる。

やっと会えて走りを交代しても、また同じように車道、歩道が別の道になる。本当に走りにくい。知多市方面になってからは車は少なくなり、走っている姿を確認しながら車も走れるようになる。畑など見えてくるとほっとする。畑には新玉ねぎの葉が大分大きくなっている。3月ごろの収穫になるのだろうか？

その後また大きな通りに出て車も増えるが、お互いに見えるので昼間の時よりは安心。17時21分、愛知県知多市新舞子着。

夕食時にはコンロにかけておいたポットが倒れ、昭次郎の脚に熱湯がかかる。長ズボンだったので大やけどにはいたらなかったが、朝の怪我といい散々な一日だった。

214日目……12月24日（水）

55・7㎞（1万422・7㎞）

今日は何もなく無事に終わって欲しいと思いながらのスタート。昭次郎は、昨日よりだいぶ痛そう。走る時だけでなく動き出しが痛いようだ。休むように言っても休む人ではない。

今日は伊勢湾を右に見ながら南下。沖合に中部国際空港とビルが見える。美浜町あたりには海老せんべい屋やその工場が多い。さらに南下すると、遠くにうっすら渥美半島、手前に佐久島が見える。河和まで戻りそこから今度は知多湾に沿って海岸線を走る。中部電力武豊火力発電所の煙突が立ち並ぶ。

温浴施設が今日のゴール予定だったが、昭次郎はそれに気づかず先まで走って行ってしまう。今日もまた何かありました！ 17時10分、半田市旭町着。

45・3㎞（1万468㎞）

215日目……12月25日（木）

今日も朝一でハプニング。橋を渡った所を左折するよう、ランナーには指示を出さなければいけないのだが、車を駐車する所がない。なんとか駐車できる場所に車を停め、ランナーに指示を出すために橋を渡った所で待つが、一向に来ない。地下通路を通り、反対車線の歩道や直進方向を見に行ってもいない。仕方なく車の所に戻ると、ランナーは3方向を捜し、車の所まで来たようだ。あ〜、会えて良かった！

その後もしばらく別々の道を行く。碧南市あたりでは立派な寺を所々で見る。四国の巡礼を思い出す。その後、吉良町に入り茶畑がずっと続く。吉良上野介の警護にあたった剣術の達人・清水一学の生誕の地でもあるようだ。夕方には混み出すが豊川市まで走る。17時20分、豊川市御津町佐脇浜着。

明日は地元館山から親友の本田夫妻が応援に来てくれて会う予定。今から楽しみ。

🏃 51・7㎞（1万519・7㎞）

216日目……12月26日（金）

今日は渥美半島最先端・伊良湖岬にある「道の駅　伊良湖クリスタルポルト」を目指す。今朝、館山から本田夫妻がこちらに向かっている。何日か前から連絡を取り合い、本田さんのご実家の近くで会おうということになり、今日がその日。本当にうれしい。年末の忙しい時期、しかも年末の帰省が始まる時。本当にありがたい。ここ数日、気持ちは子どものよう。

田原市に入る前あたりから、キャベツやブロッコリーの畑を多く見る。田原市はほとんどキャベツ畑。ハウスも多い。ハウスの中ではトマト、花、スナップエンドウが多く、トマトのハウスは二重になっている。

遠州灘に沿って伊良湖岬まで走るが、風が強くとても冷たい。ランナーを待ち駐車していると、車が後ろに停まり……本田さん夫妻が来てくれた！「マラソン日本一周ガンバレー！ 笹子さーん」と書かれた大きな紙まで用意してくれている。久しぶりの友の顔に感動。ここでのまさかの応援。本当にうれしい。

その後も走りを続け、ラスト2キロあたりから急勾配の上り。上りきった所からの景色は絶景。対岸に数日前に走った鳥羽二見方面が見える。

そしてゴールの手前に本田さん、ゴールには奥さんのよしこさんが、冷たい風のなか、待っていてくれゴール。うれしい、本当にありがたい！ 16時30分、田原市伊良湖町「道の駅 伊良湖クリスタルポルト」着。

一緒に温泉にゆっくり入り食事。早く館山に戻り、また一緒の時間を持ちたい。早く……早く……里心いっぱい!!

走 44・3km（1万564km）

217日目……12月27日（土）

小さな半島は基本的に「One Way」。渥美半島を昨日は遠州灘に沿って、先端の伊良湖岬まで走る。今日は伊良湖岬から亀山を通り、田原市六連まで車で移動し、そこからのスタート。途中、本田さんのご実家に寄り、お兄さんご夫婦からも温かいエールと野菜をいただく。野菜は早速今夜の食卓に並ぶ。

日差しはあるのに風は冷たい。昨日から今日にかけ、ずーっとキャベツ畑。土は赤土。11時46分、静岡県湖西市に入る。いよいよ東海地区！　湖西市に入ってもしばらくキャベツ畑が続く。

浜名湖大橋を渡り浜松市に入ると、それまでのキャベツ畑から玉ねぎ畑に変わる。土も赤土から白（砂地）になる。4日前に知多半島で見た玉ねぎ、大きくなっていて驚いたが、今日見た浜松市の玉ねぎは新玉ねぎとして今にも出荷できそう。

気温の温暖な地元館山でもこんなに早くはない。だいたい5月ごろだよなぁ？　玉ねぎと一緒にハウスいちごも見る。渥美半島を走っていた時は山からの風がとても冷たかったが、浜松市に入ってからは暖かい。玉ねぎが今にも出荷できそうなのは館山より暖かいのかもしれない。16時58分、静岡県浜松市南区芳川町着。

🏃 48・1㎞（1万612・1㎞）

218日目

……12月28日（日）

朝は冷えたが、すぐに気温が上がり、走ると暑いくらいになる。天竜川を渡っている時、左前方に箱根の山と富士山が見え出す。ついにここまで来たかという感じ。また太田川を渡っている時には、雪をいただいた南アルプスと半分以上雪を被った富士山が見える。

稼働を停止している中部電力浜岡原子力発電所の脇では、たくさんの風力発電の風車が動いている。年末の仕事納めした会社や企業の門や玄関には、門松やお正月飾りが用意されていた。また道の駅でも正月用の花が生けられている。17時14分、牧之原市細江着。

温浴施設で入浴後、正子が気分が悪くなり、まわりのお客さんや施設の方々に迷惑をかけ大変お世話になる。

219日目……12月29日（月）

走 57・4km（1万669・5km）

夕べだいぶ降った雨も今朝は小降りになり、小雨のなかのスタート。走り出してすぐに大井川を渡る。川は大きいが、橋は古く狭い。左前方に見える山々は雲がかかり真っ白。新日本坂トンネルでは、脇に歩道のような道を確認し、車はトンネルに。

車がトンネルを出た所に歩道も迂回路もなし。迂回路はかなり離れた海岸線か（この時は崖崩れがあり通行止め）、3時間くらいかかる地元の人もほとんど通らない遭難しそうな山越えとのこと。体が震えた。

やっとランナーと連絡が取れ、車はトンネルの入口に戻り、この3・2キロのトンネルはランナーも車に乗って通る。その後も安倍川では歩道の工事。この時も迂回。本当にヒヤヒヤが多い。

今日走った道は東名高速道路や東海道本線と並行しているので、東海道新幹線がひっきりなしに走っているのを見る。17時18分、静岡市清水区興津清見寺町着。

47・8km（1万7717・3km）

220日目……12月30日（火）

今朝、ゴール場所をナビで「道の駅　伊豆のへそ」に設定したが、バイパスや国道1号を行くよう指示される。それらは歩道がなかったり、あっても交通量が多く駐車が難しかったりするので、他の道を探しながらの走り。道を探しながら裏道を行くので、ゴールまでの距離がなかなか減らない。

由比町あたりを走っている時、正面に大きな富士山。おととい見えた富士とはまるで大きさが違う。そして田子の浦、千本松原あたりを走っている時には富士山は真横になり、箱根の山々も近くなる。沼津市に入り道も混み出し、温浴施設のある所で終わりにする。16時40分、沼津市岡一色着。

年末休暇で温浴施設では、祭日料金で割高のうえ、駐車場、食堂、風呂が人でごった返している。ゆっくり静かに入りたかったなぁ！

40・5km（1万7757・8km）

221日目……12月31日（水）

今年最後の走り。今日は土肥温泉まで走る。伊豆の国市から伊豆市へ。修善寺あたりに来ると他府県ナンバーの車を多く見る。年末年始をこちらで過ごす観光客や帰省者だろう。

天城越えは遠慮して土肥峠越え。久しぶりの高い山と峠越えだ。今日が最後の走りではないのに、峠越えをしている時に、正子はこの7カ月間のことが走馬灯のようによみがえる。「なんだぁ？　この感傷的な気持ちは!!」

温泉地で大みそかなので、早めに終わりにする。16時00分、伊豆市土肥着。

今日は、風呂にゆっくり静かに入れ、夜も少しのんびりできる。今日まで走れたことに感謝するとともに、無事に館山にゴールできることを祈る。

41・5km（1万7799・3km）

222日目……2015年1月1日（木）

今日から新年。元旦といってもいつもと変わらず走る。館山の我が走友会でも、恒例の安房神社までの初詣マラソンを実施。館山では雪がちらついたようだ。こちらは晴れてはいるが強く冷たい風が吹き、フロントガラスは潮ですぐに白くなってしまう。

土肥温泉から駿河湾を見ながら西伊豆、南伊豆へと走る。このあたりの宿泊施設の駐車場はどこもいっぱい。朝から海岸線に沿っていくつものトンネル越えと急勾配のS字のアップダウンの連続。昨日よりきつい上り下り。風が強く正面から、横から後ろからと吹きつけてきて、立っていられないほどの時もある。崖崩れ防止用金属ネットにつかまりながら歩く。本当に怖かった。

下賀茂温泉あたりは温泉を利用した温泉メロンのハウスが多い。16時50分、賀茂郡南伊豆町下賀茂「道の駅　下賀茂温泉湯の花」着。

52・1km（1万851・4km）

223日目……1月2日（金）

第91回箱根駅伝、今年も往路スタート。テレビでスタートを見てから、私たちも少し遅れて出発。今日は東伊豆の伊東市あたりを目指す。毎年箱根駅伝を箱根の現地で応援したが、今日は運転しながら、しかも電波が入らない時もあり、途切れ途切れ。相模灘の海岸線を北上するが、道が狭くカーブが多いうえ、正月休みのため車が非常に多い。

下田市の「道の駅　開国下田みなと」の駐車場は混んでいる。そこを過ぎると右手前方に伊豆大島が見えてくる。昨日降ったのか、上の方は白く雪。また災害の爪痕も見える。利島、新島、神津島、式根島も見える。

残念ながら房総半島は未だ見えず。目的地の赤沢温泉まで帰省の車で大渋滞。まったく動かず。明日が心配。16時30分、伊東市赤沢着。

夜になると、２０１３年10月に土砂災害が起きた大島の元町の明かりがよく見える。

224日目……… 45・6㎞（1万8897㎞）

1月3日（土）

箱根駅伝復路スタートを見てから、我が家もスタート。しばらくしたら早くも大渋滞。おまけに周りは雪景色。道路は車の通った所に雪はないが、路側帯や歩道は凍っている。走るどころか歩くのもペンギン歩き。道が狭く歩道がない所では、車の状態を見ながら車道を走る。人間も車も走りたくても走れない。

途中ずっと白いホテルが立ち並ぶ、初島を見ながら走る。昼前あたりからやっと普通の走りができる。薄暗くなったが、温泉旅館まで走る。17時10分、神奈川県足柄下郡真鶴町岩着。

今日は温泉旅館で入浴。日帰り入浴は通常していないとのことだったが、どうぞとのこと。しかも風呂から出てきたら昆布茶と朝ついたお餅(あんころ餅)をごちそうしてくださる。なんと温かいおもてなし！　温かいお風呂と心遣いで疲れもとれる。

225日目 ……… 1月4日（日）

48.5㎞（1万945.5㎞）

真鶴町から小田原あたりまで交通量が多いうえに、歩道がなくとても危険。今日は車だけでなく、バイクや自転車、特に自転車が非常に多い。そして驚いたのは、ナンバーのないゴーカート4台と出合う。遊園地のゴーカート乗り場から出てきたような、それよりは少し大きめ。ナンバーがなくては走れないはずなのに……。

小田原からは、昨日、おととい行われた箱根駅伝のコースを走る。毎年5区6区の一部を全選手が通過したあと走っているが、小田原～藤沢を走るのは初めて。もちろん警備や車両規制、応援はなし。今日は天気も良く休日、箱根駅伝に刺激されてか、ランニングやマラニック（マラソン＋ピクニック）をする人が多い。

走っている途中、箱根湯本から藤沢の自宅まで走っているYさんと出会う。今まで歩きはしていたが走り初めてハーフくらいは走れるようになり、フルの練習とのこと。今度ぜひ館山若潮マラソンにエントリーするよう話す。17時28分、藤沢市本町着。

🏃 47・5㎞（1万993㎞）

226日目……1月5日（月）

午前中は相模湾に沿って走る。雲ひとつなく、太陽がまぶしく、海もキラキラしている。江の島の少し手前で後ろを振り返ると、箱根の山と富士山がはっきり見える。歩道の脇には江ノ電が走る。逗子市に入り、葉山町を走っている時には富士山の全体が見える。

三浦市に入り、浦賀水道に沿って北上。ついに対岸に数カ月ぶりの房総半島が見える。これから走る都会の道のことを考えると久里浜港からフェリーで渡れたら！……なーんて思ってしまう。

今日はうれしいことに、世田谷に住む旧友の中田さんが1時間半かけて、走っている途中の久里浜まで会いに来てくれる。場所も時間もこんなにうまく会えるとは思っていなかった。学生時代のあの優しいままの彼女が、京急久里浜駅で待っていてくれた。なんとありがたい。2月に館山での再会を楽しみに別れる。17時00分、横須賀市大津町着。

🏃44・4㎞(1万1037・4㎞)

227日目……1月6日(火)

横須賀市大津から東京・品川へ。今日の予報では昼ごろから雨とのこと。降り出さないうちにできるだけ多く走ろうと、ちょいと気合が入る。走り出すといつもより暖かく、日も差してくる。走ると暑いくらい。交通量は多いが、午前中は問題なく走る。

昼前あたりから雨がポツポツ降り出し、午後からは本降り。車も一気に増え出す。午後3時過ぎに多摩川を渡り、東京都大田区に入る。東京に入ってからは大渋滞。車よりランナーの方が速い。今日のゴール0・5キロ手前で道を間違え、しばらく探してやっと会える。

昨夜も今夜も、駐車場を探すだけでも四苦八苦。都会はいやだ!　16時20

分、東京都品川区東大井着。

🏃50・3㎞（1万1087・7㎞）

228日目……1月7日（水）

今日は品川から千葉県入りを目指す。神奈川～東京～千葉（県北）をどのルートでどう脱出するかが、すごく心配だった。毎日ある程度の道はナビに入力してコースを決めるが、今日は特に事前入力が難しかったので、走りながら危険のない道を探す。

浜松町、銀座4丁目を右折、歌舞伎座前、築地、勝鬨橋を通り、江東区へ。銀座のど真ん中では、車の後ろにつけた物干し竿に洗濯物を吊るしてヒラヒラと乾かしながらの走行。恥ずかしさもなんのその、我ながらすごいと思ったが、街を行く人はみんな自分の携帯を見ながら歩いたりしているので私たちに気がつかない。新歌舞伎座の前では、大勢の人が入場を待っている。築地の中央卸売市場も移転で最後かな？

そして11時59分、とうとう千葉県浦安市に入る。途中から千葉街道を走る。初めて聞く名前。市川、船橋あたりは道も狭い。当初心配していた大都会の道も、少しずつ拾いながら進んで無事脱出。17時05分、千葉県千葉市花見川区幕張町着。

本当に、本当にホッとする。館山まであと少し!!

🏃 45・6㎞（1万1133・3㎞）

229日目……1月8日（木）

今日は木更津市あたりを目指す。最後まで気を緩めずにいこうと話し、スタート。昨日幕張まで来るのに使った千葉街道は、途中から歩道がなくなるのを夕べ風呂に行く時に見ていたので、今朝は別の裏道で千葉市を抜ける。市原市に入ったあたりから、「館山　木更津」という標識を見かけるようになり、内房線が脇を走る。

ここまで帰って来たかぁ！　という感じ。やはり地元に近いというだけで、昨日までの気持ちとは断然違い、気が楽。それでも最後まで気を抜かないようにと所々で自分たちに言いきかす。

ゴールに近づきたくさん仲間からのエールをいただく。早めに終わる。16時05分、木更津市富士見着。

🏃 45・9㎞（1万1179・2㎞）

230日目……1月9日（金）

いよいよ今日と明日で、マラソン日本一周が終わる。今日は保田の食事処と湯のある「ばんや」までの走り。今日は朝から快晴。寒いといっても、今まで通って来た寒さとは断然違い、すごく暖かい。

国道127号を行く。館山自動車道ができる前に通った見覚えのある通り。やはり安心して走れる。富津市湊あたりを走っている時、キラキラした海と富士山。今日の富士山最高!! 海も青くまぶしい。やっぱり内房はいい。その富士山を見ながら走っていたら、走友仲間の西川さんと奥さまが応援に駆けつけてくれる。西川さんは勤務明けなのに……。本当にうれしい。久しぶりに会う友の顔。しばらく話をしてしまう。

14時40分、安房郡鋸南町吉浜の「ばんや」着。

今日は明るいうちの風呂に入る。こんなに明るいうちに入るのは、日本一周マラソンで初めて。

夕方は走友の小沢さんと奥さまと一緒に「ばんや」で一足早く飲み会&食事会。うまいなぁー!! やっぱり友がいると楽しい。あと1日。最後まで気を緩めず行こう!

走 36km（1万1215・2km）

231日目……1月10日（土）

館山市ゴール

いよいよ、今日はゴール。「ばんや」から西の方向に箱根の山と富士山がくっきり。空は快晴、気持ちいい。朝、「ばんや」から一緒に走ってくださる走友の宮應さんが我孫子から奥さまと一緒に来てくださる。その後、走友の薄田さんも到着。宮應さん、薄田さんと4人で8時スタート。

これまでやってきたとおり、食後はそれぞれ2キロずつ歩くことから始める。いつもは1人で歩くが今日は会話をしながら……。勝山で走友の麻貴ちゃん合流。久しぶりの友、うれし～い。岩井駅を過ぎた所で宮應さんの奥さまと近所の方から大きな応援をいただく。

昨日、途中で応援してくれた西川さんご夫妻も合流。最高の海と富士山。みんなでゆっくり景色を見ながら走る。富浦のトンネルはトンネル工事のため、ランナーは側道の海岸に下り走る。原岡の海岸から出た所で、以前正子が働いていた富浦学園の職員の方々、子どもたちが待っていてくださり、たくさんのエールをいただく。久しぶりに会う皆さんの顔。懐かしくホントにうれしい。ありがたい。残り2・5キロからは、運転を宮應さんが代わってくださり、昭次郎、正子、2人一緒に走る。

そして11時、昨年5月18日にスタートした館山市「たてやま夕日海岸ホテル」

着。ついに無事ゴール！
金丸謙一館山市長はじめ、田中豊副市長、たくさんの走友、友人が待っていてくださり、私たちのマラソン日本一周は多くの方々のご協力と応援で無事に終わる。

🏃20㎞（1万1235・2㎞）

マラソン日本一周全行程

日数	月日	到着地	距離/日 (km)	累計 (km)
1	5/18	千葉県館山市をスタート　→　鴨川市	65.0	65.0
2	5/19	千葉県長生郡一宮町	55.2	120.2
3	5/20	千葉県銚子市	66.8	187.0
4	5/21	茨城県神栖市	30.0	217.0
5	5/22	茨城県東茨城郡大洗町	52.0	269.0
6	5/23	茨城県日立市	50.6	319.6
7	5/24	福島県いわき市	47.3	366.9
8	5/25	福島県いわき市	50.3	417.2
9	5/26	福島県郡山市	50.5	467.7
10	5/27	福島県福島市	46.6	514.3
11	5/28	福島県相馬市	47.6	561.9
12	5/29	宮城県岩沼市	40.2	602.1
13	5/30	宮城県東松島市	50.2	652.3
14	5/31	宮城県石巻市	49.8	702.1
15	6/1	宮城県石巻市	50.0	752.1
16	6/2	宮城県本吉郡南三陸町	40.2	792.3
17	6/3	宮城県気仙沼市	50.2	842.5
18	6/4	岩手県大船渡市	50.0	892.5
19	6/5	岩手県下閉伊郡山田町	50.0	942.5
20	6/6	岩手県宮古市	45.5	988.0
21	6/7	岩手県下閉伊郡田野畑村	31.0	1,019.0
22	6/8	岩手県久慈市	36.2	1,055.2
23	6/9	青森県三戸郡階上町	43.5	1,098.7
24	6/10	青森県三沢市	40.0	1,138.7
25	6/11	青森県上北郡六ヶ所村	40.0	1,178.7
26	6/12	青森県むつ市	40.9	1,219.6
27	6/13	青森県下北郡大間町	44.6	1,264.2
28	6/14	北海道上磯郡知内町	44.0	1,308.2
29	6/15	北海道松前郡松前町	46.1	1,354.3
30	6/16	北海道檜山郡上ノ国町	42.1	1,396.4

日数	月日	到着地	距離/日 (km)	累計 (km)
31	6/17	北海道爾志郡乙部町	44.3	1,440.7
32	6/18	北海道久遠郡せたな町	44.3	1,485.0
33	6/19	北海道久遠郡せたな町	45.0	1,530.0
34	6/20	北海道寿都郡政泊町	46.4	1,576.4
35	6/21	北海道岩内郡岩内町	47.0	1,623.4
36	6/22	北海道積丹郡積丹町	49.0	1,672.4
37	6/23	北海道余市郡余市町	47.7	1,720.1
38	6/24	北海道小樽市	27.5	1,747.6
39	6/25	北海道石狩市	23.0	1,770.6
40	6/26	北海道石狩市	53.0	1,823.6
41	6/27	北海道増毛郡増毛町	46.0	1,869.6
42	6/28	北海道苫前郡笘前町	50.0	1,919.6
43	6/29	北海道苫前郡初山別村	44.1	1,963.7
44	6/30	北海道天塩郡幌延町	43.8	2,007.5
45	7/1	北海道稚内市	50.1	2,057.6
46	7/2	北海道稚内市	42.3	2,099.9
47	7/3	北海道宗谷郡猿払村	51.3	2,151.2
48	7/4	北海道枝幸郡枝幸町	47.1	2,198.3
49	7/5	北海道紋別郡雄武町	53.0	2,251.3
50	7/6	北海道紋別市	41.0	2,292.3
51	7/7	北海道常呂郡佐呂間町	50.1	2,342.4
52	7/8	北海道網走市	55.3	2,397.7
53	7/9	北海道斜里郡斜里町	50.2	2,447.9
54	7/10	北海道目梨郡羅臼町	60.1	2,508.0
55	7/11	北海道標津郡標津町	50.2	2,558.2
56	7/12	北海道根室市	56.5	2,614.7
57	7/13	北海道根室市	52.7	2,667.4
58	7/14	北海道浜厚岸郡中町	55.0	2,722.4
59	7/15	北海道厚岸郡厚岸町	47.8	2,770.2
60	7/16	北海道釧路市	50.1	2,820.3
61	7/17	北海道十勝郡浦幌町	50.4	2,870.7
62	7/18	北海道広尾郡大樹町	50.5	2,921.2
63	7/19	北海道広尾郡広尾町	48.5	2,969.7
64	7/20	北海道幌泉郡えりも町	48.3	3,018.0
65	7/21	北海道日高郡新ひだか町	52.1	3,070.1

日数	月日	到着地	距離/日 (㎞)	累計 (㎞)
66	7/22	北海道沙流郡日高町	60.8	3,130.9
67	7/23	北海道苫小牧市	57.2	3,188.1
68	7/24	北海道室蘭市	64.3	3,252.4
69	7/25	北海道虻田郡豊浦町	52.9	3,305.3
70	7/26	北海道二海郡八雲町	53.8	3,359.1
71	7/27	北海道茅部郡鹿部町	56.2	3,415.3
72	7/28	北海道函館市	45.7	3,461.0
73	7/29	北海道函館市	44.1	3,505.1
74	7/30	青森県下北郡佐井村	35.4	3,540.5
75	7/31	青森県むつ市	53.4	3,593.9
76	8/1	青森県上北郡横浜町	50.6	3,644.5
77	8/2	青森県東津軽郡平内町	58.4	3,702.9
78	8/3	青森県青森市	50.3	3,753.2
79	8/4	青森県東津軽郡今別町	50.0	3,803.2
80	8/5	青森県東五所川原市	51.8	3,855.0
	8/6 ～ 8/12	新盆のため館山に戻り、滞在		
81	8/13	青森県つがる市	43.4	3,898.4
82	8/14	青森県西津軽郡深浦町	48.4	3,946.8
83	8/15	秋田県山本郡八峰町	40.9	3,987.7
84	8/16	秋田県男鹿市	55.3	4,043.0
85	8/17	秋田県潟上市	59.3	4,102.3
86	8/18	秋田県由利本荘市	63.2	4,165.5
87	8/19	山形県飽海郡遊佐町	42.7	4,208.2
88	8/20	山形県鶴岡市	53.2	4,261.4
89	8/21	新潟県村上市	48.2	4,309.6
90	8/22	新潟県北蒲原郡聖籠町	51.0	4,360.6
91	8/23	新潟県佐渡市	32.7	4,393.3
92	8/24	新潟県佐渡市	51.8	4,445.1
93	8/25	新潟県佐渡市	53.2	4,498.3
94	8/26	新潟県佐渡市	50.5	4,548.8
95	8/27	新潟県新潟市	42.5	4,591.3
96	8/28	新潟県長岡市	50.5	4,641.8
97	8/29	新潟県柏崎市	51.3	4,693.1

日数	月日	到着地	距離/日 (km)	累計 (km)
98	8/30	新潟県糸魚川市	50.0	4,743.1
99	8/31	富山県下新川郡入善町	52.1	4,795.2
100	9/1	富山県射水市	52.4	4,847.6
101	9/2	石川県七尾市	50.9	4,898.5
102	9/3	石川県鳳珠郡穴水町	54.7	4,953.2
103	9/4	石川県珠洲市	45.7	4,998.9
104	9/5	石川県珠洲市	48.4	5,047.3
105	9/6	石川県輪島市	51.1	5,098.4
106	9/7	石川県羽咋市	52.2	5,150.6
107	9/8	石川県白山市	51.2	5,201.8
108	9/9	福井県あわら市	51.2	5,253.0
109	9/10	福井県丹生郡越前町	47.4	5,300.4
110	9/11	福井県三方郡美浜町	49.0	5,349.4
111	9/12	福井県大飯郡おおい町	56.5	5,405.9
112	9/13	京都府宮津市	56.9	5,462.8
113	9/14	京都府京丹後市	50.9	5,513.7
114	9/15	兵庫県豊岡市	51.8	5,565.5
115	9/16	兵庫県美方郡新温泉町	53.8	5,619.3
116	9/17	鳥取県鳥取市	50.4	5,669.7
117	9/18	鳥取県西伯郡大山町	53.3	5,723.0
118	9/19	島根県松江市	57.0	5,780.0
119	9/20	島根県出雲市	55.2	5,835.2
120	9/21	島根県江津市	53.7	5,888.9
121	9/22	島根県益田市	61.0	5,949.9
122	9/23	山口県阿武郡阿武町	46.5	5,996.4
123	9/24	山口県萩市	37.1	6,033.5
124	9/25	山口県下関市	50.4	6,083.9
125	9/26	福岡県北九州市	51.5	6,135.4
126	9/27	福岡県宗像市	54.0	6,189.4
127	9/28	福岡県糸島市	56.0	6,245.4
128	9/29	佐賀県東松浦郡玄海町	58.4	6,303.8
129	9/30	長崎県松浦市	47.0	6,350.8
130	10/1	長崎県佐世保市	50.0	6,400.8
131	10/2	長崎県西海市	47.1	6,447.9
132	10/3	長崎県長崎市	49.1	6,497.0

日数	月日	到着地	距離/日 (km)	累計 (km)
133	10/4	長崎県雲仙市	50.5	6,547.5
134	10/5	長崎県南島原市	45.6	6,593.1
135	10/6	長崎県諫早市	53.8	6,646.9
136	10/7	佐賀県鹿島市	48.2	6,695.1
137	10/8	福岡県大牟田市	56.3	6,751.4
138	10/9	熊本県熊本市	53.5	6,804.9
139	10/10	熊本県上天草市	46.4	6,851.3
140	10/11	熊本県宇城市	52.5	6,903.8
141	10/12	熊本県葦北郡芦北町	54.2	6,958.0
142	10/13	熊本県水俣市	27.6	6,985.6
143	10/14	鹿児島県薩摩川内市	54.2	7,039.8
144	10/15	鹿児島県南さつま市	57.7	7,097.5
145	10/16	鹿児島県枕崎市	53.5	7,151.0
146	10/17	鹿児島県指宿市	52.5	7,203.5
147	10/18	鹿児島県姶良市	54.7	7,258.2
148	10/19	鹿児島県垂水市	57.7	7,315.9
149	10/20	鹿児島県肝属郡南大隅町	56.6	7,372.5
150	10/21	鹿児島県肝属郡肝付町	45.4	7,417.9
151	10/22	宮崎県串間市	57.4	7,475.3
152	10/23	宮崎県日南市	46.4	7,521.7
153	10/24	宮崎県宮崎市	53.8	7,575.5
154	10/25	宮崎県日向市	55.2	7,630.7
155	10/26	宮崎市延岡市	49.6	7,680.3
156	10/27	大分県佐伯市	56.3	7,736.6
157	10/28	愛媛県八幡浜市	31.8	7,768.4
158	10/29	愛媛県宇和島市	46.7	7,815.1
159	10/30	愛媛県南宇和郡愛南町	51.1	7,866.2
160	10/31	高知県土佐清水市	58.5	7,924.7
161	11/1	高知県四万十市	23.6	7,948.3
162	11/2	高知県高岡郡四万十町	47.7	7,996.0
163	11/3	高知県土佐市	54.4	8,050.4
164	11/4	高知県高知市	46.2	8,096.6
165	11/5	高知県香南市	36.2	8,132.8
166	11/6	高知県室戸市	54.4	8,187.2
167	11/7	徳島県海部郡海陽町	57.5	8,244.7

日数	月日	到着地	距離/日 (km)	累計 (km)
168	11/8	徳島県那賀郡那賀町	51.0	8,295.7
169	11/9	徳島県阿南市	36.7	8,332.4
170	11/10	徳島県徳島市	44.8	8,377.2
171	11/11	徳島県吉野川市	50.2	8,427.4
172	11/12	徳島県板野郡上板町	27.5	8,454.9
173	11/13	香川県東かがわ市	36.3	8,491.2
174	11/14	香川県さぬき市	44.2	8,535.4
175	11/15	香川県高松市	27.9	8,563.3
176	11/16	香川県坂出市	41.6	8,604.9
177	11/17	香川県三豊市	25.9	8,630.8
178	11/18	徳島県三好市	42.4	8,673.2
179	11/19	愛媛県四国中央市	40.8	8,714.0
180	11/20	愛媛県西条市	41.9	8,755.9
181	11/21	愛媛県今治市	35.9	8,791.8
182	11/22	愛媛県松山市	45.0	8,836.8
183	11/23	愛媛県松山市	41.0	8,877.8
184	11/24	愛媛県上浮穴郡久万高原町	40.7	8,918.5
185	11/25	愛媛県大洲市	51.0	8,969.5
186	11/26	大分県大分市	41.9	9,011.4
187	11/27	大分県杵築市	53.1	9,064.5
188	11/28	大分県豊後高田市	64.0	9,128.5
189	11/29	福岡県行橋市	51.4	9,179.9
190	11/30	山口県下関市	40.6	9,220.5
191	12/1	山口県宇部市	51.3	9,271.8
192	12/2	山口県周南市	56.7	9,328.5
193	12/3	山口県柳井市	47.3	9,375.8
194	12/4	広島県広島市	60.1	9,435.9
195	12/5	広島県呉市	48.2	9,484.1
196	12/6	広島県三原市	56.5	9,540.6
197	12/7	岡山県笠岡市	54.8	9,595.4
198	12/8	岡山県岡山市	56.0	9,651.4
199	12/9	兵庫県赤穂市	55.8	9,707.2
200	12/10	兵庫県明石市	56.6	9,763.6
201	12/11	兵庫県神戸市	51.2	9,815.0
202	12/12	大阪府貝塚市	48.2	9,863.2

日数	月日	到着地	距離/日 (km)	累計 (km)
203	12/13	和歌山県海南市	55.5	9,918.7
204	12/14	和歌山県日高郡印南町	55.8	9,974.5
205	12/15	和歌山県西牟婁郡白浜町	50.8	10,025.3
206	12/16	和歌山県東牟婁郡串本町	40.5	10,065.8
207	12/17	三重県南牟婁郡紀宝町	53.6	10,119.4
208	12/18	三重県北牟婁郡紀北町	56.2	10,175.6
209	12/19	三重県多気郡大台町	48.4	10,224.0
210	12/20	三重県伊勢市	34.5	10,258.5
211	12/21	三重県松阪市	56.5	10,315.0
212	12/22	三重県四日市市	52.0	10,367.0
213	12/23	愛知県知多市	55.7	10,422.7
214	12/24	愛知県半田市	45.3	10,468.0
215	12/25	愛知県豊川市	51.7	10,519.7
216	12/26	愛知県田原市	44.3	10,564.0
217	12/27	静岡県浜松市	48.1	10,612.1
218	12/28	静岡県牧之原市	57.4	10,669.5
219	12/29	静岡県静岡市	47.8	10,717.3
220	12/30	静岡県沼津市	40.5	10,757.8
221	12/31	静岡県伊豆市	41.5	10,799.3
222	1/1	静岡県賀茂郡南伊豆町	52.1	10,851.4
223	1/2	静岡県伊東市	45.6	10,897.0
224	1/3	神奈川県足柄下郡真鶴町	48.5	10,945.5
225	1/4	神奈川県藤沢市	47.5	10,993.0
226	1/5	神奈川県横須賀市	44.4	11,037.4
227	1/6	東京都品川区	50.3	11,087.7
228	1/7	千葉県千葉市	45.6	11,133.3
229	1/8	千葉県木更津市	45.9	11,179.2
230	1/9	千葉県安房郡鋸南町	36.0	11,215.2
231	1/10	千葉県館山市　ゴール	20.0	11,235.2

あとがき

二三二日間の走り旅を終えて二〇一五年一月十日、無事に館山に戻ってきた。この間、店はずっと閉店しており日本一周を終えて営業を再開する日取りについては何も決めていなかった。

当初、一年間は休業するつもりが予定より早くゴールできたので、少しゆっくりしようと考えていた。

ところが二月上旬に常連さんから予約の連絡が入った。「毎日ただひたすら走るだけ」という贅沢な時間を過ごしていたので、仕事始めに際して心のリハビリが必要かと思われたが、二月二十三日から店を再開することになった。九カ月ぶりの仕事だ。だが、そうこうしているうちに忙しい毎日が始まりすぐに以前の生活に戻った。

休日以外は毎日睡眠時間が五時間前後、走る時間を意識的に作るようにしないとなかなか難しいという毎日である。

今回挑戦した日本一周は海岸線に沿ったルートだった。唯一、新潟港から海を渡り佐渡島を走ったが、基本的に小さな島は走っていない。小さな島は観光を兼ねながら、そのうち少しずつ走ろうということになっていた。

手始めに、二〇一五年九月のシルバーウィークに、高野山奥之院に四国八十八ヶ所の御礼参りをし、そのあと和歌山港から徳島港に渡り「淡路島」を走った。ただし、淡路島一周ではなく直線で鳴門海峡側から明石海峡側へというルートだった。

続いて二〇一六年四月二、三日の土・日で伊豆七島の一つ、大島一周を果たした。あいた時間を見つけて、目標を達成していくささやかな楽しみが一つ増えた。

二〇一六年二月二十八日には第十回東京マラソンに出場することができた。といっても走ったのは妻だけだった。第一回大会から日本一周をした年以外は毎年二人で申し込んでいるが、自分はまだ一度も当選したことがない。

当選すると、プロフィール、走る目的や誰のために走るのかなどを提出しなければいけない。妻は「旦那様はまだ一度も当選したことがなく今回は走ってもらいたかった。実は夫婦二人でマラソン日本一周をし昨年一月にゴール、できれば今回も二人で走りたかった。来年こそは旦那様が走れますように。」というようなことを書いたようだ。

そんなコメントが東京マラソン財団や日本テレビの目に留まり、事前に地元館山で、またマラソン大会当日も取材された。ゴール後には、テレビを通じて日本一周の時に出会いお世話になった方々にお礼を述べることもできた。

今回、私たちが日本一周の記録を残そうと思い、実現するまでにはいろいろな方の後押しがあった。

お店のお客様や地元の方たちから、「お帰りなさい」「お疲れさま」「自分も旅をしている気分だったよ」と言葉をかけてもらい、一三一日間のことをいろいろと聞かれた。

多くの方が私たち夫婦の挑戦を温かく見守ってくれていたこと、そしてどんな日々だったのか興味を持ってくださっていることを感じた。

「本にしたらいいのに」、そんな声をいただいたこともあり、今度は初の本の出版に「挑戦」となったわけである。

日本一周を達成したと言っても、私たちにとってそれはあくまでも走りを楽しむ一部、通過点でありゴールではない。だからこれからも走り続けたい。知らない土地では、人とも自然とも新たな出会いがある。それが新鮮であり楽しみでもある。これからも二人健康で四季の変化を感じながらゆっくり走りを楽しみたいと思っている。

私たちにもできた日本一周、皆さんもチャレンジしてみませんか。

（昭次郎記）

二〇一六年六月

私たちにたくさんの力、勇気をくださった方々にお礼を申し上げます

スタートからゴールまで温かいエールを送ってくださった地元、館山若潮走友会の仲間や友達、毎週電話をくださった走友会二代目会長の荒砥忠雄さん、また「千葉県を出るまでは風呂の手配は任せて下さい」と言ってくれた走友であり夕日海岸ホテル社長の酒井伸一さん……。

走友の工藤一朗さんは私たちが送った日々の記録を走友会員や房日新聞に配信してくださり、どんな時間にメールを送っても毎日応援の言葉をくださいました。

また、私たち夫婦の夢に興味を持ち、新聞紙上で走っている様子を紹介してくださった房日新聞社の忍足利彦さんは、私たちの意向をくんでリアルタイムで走っている場所がわからないように、日にちを遅らせて記事を掲載してくださ

ました。日本一周する間、身の危険を感じることなく日々過ごせたことは本当にありがたかったです。また本書の制作にも多大なお力添えをいただきました。

館山市役所秘書広報課には、本書のために写真などの提供に快くご協力いただきお世話になりました。

そっと出発するつもりがたくさんの方に見送っていただき、またゴール時も思いがけずたくさんの方々が迎えてくださいました。全国で出会った皆さまも含め、多くの方の応援とご協力で夢を達成することができ、忘れられない二二一日となりました。あたたかい応援をありがとうございました。

また、執筆にあたり長時間にわたりお付き合いくださり、わがままを聞いてくださった冬花社の本多順子さんと小泉まみさん、ありがとうございました。

笹子昭次郎、正子

笹子 昭次郎
1951年　南房総市（旧丸山町）生まれ
やきとり「はくが」店主（館山市北条）
館山若潮走友会３代目会長をつとめ、現在は相談役

笹子 正子
1958年　館山市生まれ
館山若潮走友会会員

夫婦でマラソン日本一周

発行日　2016年9月10日
著者　笹子昭次郎　笹子正子
発行者　本多順子
発行所　株式会社　冬花社
〒248-0013 神奈川県鎌倉市材木座4-5-6
tel：0467-23-9973　fax：0467-23-9974
http：//www.toukasha.com
装丁　相馬光
印刷・製本　森本印刷

ISBN978-4-908004-13-1